| 제철밥상 | 전통밥상 | 건강밥상 |

자연이 차려준 절기밥상

한살림식생활센터

한살림

자연이 차려준
절기밥상

펴낸 날 2024년 3월 4일

기획	한살림식생활센터
요리	한살림식생활센터 절기식문화연구분과
	(김정영, 류귀애, 백우란, 변은주, 정영미, 최자영, 황미애)
펴낸곳	도서출판한살림
펴낸이	곽현용
책임편집	장순철
편집	한살림식생활센터
디자인	더디앤씨
출판신고	2008년 5월 2일 제2015-000090호
주소	(우 06086) 서울특별시 강남구 봉은사로81길 15
전화	02-6931-3612
팩스	0505-055-1986
누리집	blog.naver.com/hansalim
전자우편	story@hansalim.or.kr

ⓒ 도서출판한살림 2024
ISBN 979-11-90405-44-7 13590

* 이 책은 저작권법에 의하여 보호를 받는 저작물이므로 무단 전재와 복제를 금합니다.
* 이 책 내용의 일부 또는 전부를 재사용하려면 반드시 저작권자와 도서출판한살림의 동의를 받아야 합니다.
* 잘못된 책은 구입하신 곳에서 바꾸어 드립니다.
* 책값은 뒤표지에 있습니다.

자연이
차려준

절기
밥상

한살림

차례

지은이의 말   8
권하는 글   10
책을 펴내며   13
서문 - 절기음식이 필요한 이유   14
일러두기   27

1월 소한 대한

소한 절기밥상
- 곶감호두말이   30
- 매생이굴떡국   32
- 섭산적   33
- 메밀묵   34
- 호박식혜   36

대한 절기밥상
- 잡곡밥   37
- 무콩나물국   38
- 시래기나물   39
- 조랭이떡   40
- 수정과   41
- 녹두전   42

2월 입춘 우수

입춘 절기밥상
- 오신반   46
- 탕평채   48
- 냉이나물   49
- 메밀묵온반   50
- 짚신송편   52
- 구기자차   53

우수 절기밥상
- 오곡밥   54
- 봄동된장국   55
- 원소병   56
- 복쌈   58
- 애호박말림나물   59

3월 경칩 춘분

경칩 절기밥상
- 냉이바지락밥   62
- 방풍나물콩국   64
- 미나리김치   65
- 보리순수제비   66

춘분 절기밥상
- 쑥굴레   68
- 콩죽   69
- 약식   70
- 미역초무침   72
- 오과차   73

4월 청명 곡우

청명 절기밥상

머위쌈밥	76
두릅숙회	78
잎마늘콩가루찜	79
진달래화전	80
애탕	82

곡우 절기밥상

갱죽	83
삼나물육개장	84
굴비구이	85
바람떡	86
오미자창면	87
쑥버무리	88

5월 입하 소만

입하 절기밥상

두릅밥	92
시금치된장국	93
수리취떡	94
송화밀수	96
취나물무침	97

소만 절기밥상

죽순겨자채	98
쪽파전	99
열무김치비빔국수	100
딸기과편	102
봉수탕	103

6월 망종 하지

망종 절기밥상

감자밥	106
아욱국	107
보리개떡	108
매실차	110
보리열무김치	111

하지 절기밥상

감자옹심이	112
마늘종무침	113
연계찜	114
옥수수팥범벅	116
다식	117

7월 소서 대서

소서 절기밥상

잣콩국수	120
감자전	122
양파장아찌	123
보리수단	124
오이소박이	125

대서 절기밥상

삼계탕	126
찰밥	127
오이만두	128
증편	130
참외화채	131

8월 입추·처서

입추 절기밥상
옥수수밥	134
호박전	135
초계국수	136
임자수탕	138
노각무침	139

처서 절기밥상
생맥산	140
월과채	141
깨찰떡	142
고추장떡	144
고구마순김치	145

9월 백로·추분

백로 절기밥상
버섯밥	148
토란탕	149
전어구이	150
미숫가루	152
가지나물	153

추분 절기밥상
더덕찹쌀구이	154
타락죽	155
깻잎김치	156
송편	157
구운채소마샐러드	158

10월 한로·상강

한로 절기밥상
고등어추어탕	162
표고버섯느르미	164
토란줄기볶음	165
흑임자죽	166
도라지오이무침	167

상강 절기밥상
호박죽	168
마밥	170
무나물	171
배숙	172
국화전	173
전찌개	174

11월 입동·소설

입동 절기밥상
굴밥	178
우엉김치	180
배추전	181
밤단자	182
맑은뭇국	184

소설 절기밥상
동태탕	185
호박고지찰떡	186
도라지정과	188
생강귤차	189
도토리묵밥	190

12월 대설 동지

대설 절기밥상
서리태콩밥	194
바지락미역국	195
유자화채	196
연근조림	198
알배추겉절이	199

동지 절기밥상
동지팥죽	200
북어찜	202
붉은팥무시루떡	203
무말랭이무침	205
마구설기	206
명란호박찌개	208

부록
표로 읽는 24절기와 풍습	210
자연의 재료로 만든 한살림양념	214
한살림 조리도구 및 주방용품	225
한살림식생활센터가 하는 일	227
절기음식 찾아보기	228
절기음식 참고문헌	230

지은이의 말

한살림 절기밥상이
세상에 나오기까지

한살림 절기밥상은 절기식문화연구분과의 3년에 걸친 노력으로 정리되었다. 2020년부터 2022년까지 잊혀진 절기식문화에 대한 내용을 다시 알리고, 쉽게 만들어 먹을 수 있는 절기음식을 찾아 시연하면서 요리법을 정리했다. 요즘 사람들이 쉽게 만들어 먹으면서도 이야기와 풍속이 담긴 음식들을 찾아내 절기별로 맞춰보면서 열두 달 밥상을 카드뉴스로 발행했다. 카드뉴스에 소개된 24절기 밥상은 제철 식재료로 밥, 국, 반찬 세 가지, 절기 한 그릇 음식, 다과상으로 구성하여 몸건강, 마음건강을 충분하게 지킬 수 있다고 보았다. 절기밥상 카드뉴스를 바탕으로 이번에 발간하는 『자연이 차려준 절기밥상』은 연구원들의 음식에 대한 철학과 특징이 잘 나타나 있는데 정리하면 다음과 같다.

(왼쪽에서부터)
한살림식생활센터
절기식문화연구분과
백우란, 황미애,
류귀애, 김정영,
최자영, 변은주,
정영미

① 기후변화로 인해 제철 식재료에 대한 정확한 시기를 특정하기 어려운 것은 빼고 월별로 추천하고 싶은 먹을거리를 기반으로 한살림물품으로 조리가 가능한 음식과 요리법으로 정리했다.

② 간장, 된장, 고추장, 참기름, 들기름, 참깨, 소금 등 어머니 세대로부터 이어져 온 우리 양념으로 대부분 음식을 조리했으며 책으로 보고 쉽게 만들 수 있도록 정리했다.

③ 다양한 잡곡이 들어간 밥, 제철 채소가 들어간 국이나 찌개, 생선이나 육류가 들어간 반찬과 절기 한그릇 음식, 다과상으로 구성한 월별 밥상을 월별 2개의 절기에 맞게 분류하여 넣었다.

④ 세시풍속에 따른 이야기가 담긴 음식과 제철 식재료가 돋보이는 조리방법으로 요리법을 정리하고 한국음식의 특징인 고명과 오방색이 어울리도록 드러나도록 했으나 연구원마다 맡았던 음식에 있어 연구원 특유의 조리법, 모양 등이 미세하게 차이가 있다.

⑤ 다과상의 떡은 쌀가루에 대한 접근성을 높이고자 한살림 건식쌀가루를 이용했으며 전체적인 음식을 나누면서 이웃과 돈독해지는 한편 단조로운 일상에 음식이 주는 즐거움을 최대한 담고자 노력했다.

권하는 글 1

절기따라 밥상따라
이웃과 세상과 함께 먹는
살림밥상이기를

입동立冬인 줄도 모르고 한살림매장에서 알타리무를 사와 김치를 담갔습니다. 쌀쌀한 날씨 때문인지 자연스럽게 현미찹쌀죽을 쑤어 김치양념을 버무렸습니다. 입동은 음력 10월의 절기節氣로 물과 땅이 얼기 시작하며 겨울이 시작되는 날이랍니다. 절기를 의식하지는 않았지만, 몸이 먼저 뿌리채소와 따뜻한 음식에 신호를 보낸 것이 신기했습니다. 어릴 적 기억을 더듬어보면, 부모님들은 왜 그렇게도 때마다 철마다 음식을 해서 이웃과 나누셨던지 음식심부름을 많이도 했던 것 같습니다. 풍족하지 못했던 시절, 나눠 먹었던 소박한 절기음식은 우리네 마음들을 키우고 맞닿게 했습니다.

절기는 자연달력이면서 동시에 농사달력입니다. 자연농사달력으로 먹으며 살 수 있다는 것은 그만큼 생명의 기운을 얻는다는 뜻이기도 하겠지요. 점점 우리네 삶에서 멀어지고, 이제는 아예 잊혀지고 있는 '절기음식'을 한살림에서 꺼내게 되어 무척 반갑고 고맙기까지 합니다. 오로지 날씨와 자연의 기운으로 1년 365일을 살아오던 선조들의 삶의 지혜를 만날 수 있는 공간이고 알면 알수록 감탄할 수 밖에 없는 절기밥상은 대대로 물려줘야 할 소중한 유산이고, 이 땅에서 살아가는 우리들에게도 이어져야 하는 삶의 뿌리입니다.

한살림에서 제안하는 절기밥상은 자연을 닮아 투박하지만 손이 자꾸만 갑니다. 도시생활에서 잃어버린 제철밥상을 만나게 해준 한살림이, 한걸음 더 나아가 절기와 세시풍습의 밥상을 조합원들 손으로 직접 꾸몄기 때문입니다. 자연과 농사와 음식을 절기밥상에 소담하게 담아 이야기가 생겨나도록 하는 밥상입니다. 나와 같은 눈높이 마음높이로 들여다 볼 수 있는 책이어서, 날마다 어떤 음식을 먹어야 하는지 알게 하는 바로미터여서 가까이 두고자 합니다.

먹방이 난무하는 시대를 살면서 오히려 먹을거리의 허기를 느끼게 됩니다. '내가 먹는 것이 바로 나'라는 먹을거리의 소중함이 더 절실해집니다. '어떻게 먹어야 하는가?'
기르는 사람에게도, 먹는 사람에게도, 땅과 자연에게도 이로운 먹을거리를 찾는 이유입니다.

철따라 살림살이에 따라, 자연의 모습을 그대로 살려먹는 절기밥상은 열두 달 변화무쌍하게 바뀌는 계절을 순하게 받아들이는 소통의 밥상입니다. 절기밥상이 빠르게만 외치는 현대인의 삶의 속도를 자연의 속도로 조절해 주고 코로나와 온라인으로 심화되는 고립의 시대에 밥상이야기로 마음을 이어주는 통로가 되면 좋겠습니다.

만나는 사람들에게 선물하고 싶은 책입니다. 특히, 한창 자라는 아이들 키우는 엄마들에게 절기밥상의 이야기를 꼭 선물하고 싶습니다. 무엇보다 가장 먼저 제 자신에게 선물해야겠습니다. 절기밥상이 나오기까지, 모든 과정을 일일이 손수 정성을 다해 작업하신 한살림식생활센터 절기식문화연구분과 연구위원들과 식생활센터 식구들 모든 분들께 깊은 감사를 드립니다.

권옥자 상임대표
한살림소비자생활협동조합연합회

권하는 글 2

절기밥상은 음식문화의 핵심입니다

한국인의 전통문화에 있어서 24절기는 계절에 맞게 농사를 짓는 농부의 달력이었습니다. 그래서 그 시기에 맞게 파종과 수확을 준비하는 농사의 시계추입니다. 그뿐만 아니라 절기에는 놀이와 음식을 빼놓을 수 없습니다. 절기마다 행해지는 제사와 절기음식, 전통놀이는 한 해 농사의 풍년을 기원하는 농경문화의 핵심입니다.

그러나 매년 반복되는 기후위기로, 이 시기가 되면 파종을 어떻게 하고, 수확은 어떻게 하겠구나 하는 농부의 시계추에 금이 가고 말았습니다. 농업의 지속가능성에 빨간불이 들어온 것은 어제오늘의 일이 아닙니다. 어떻게 하면 농업을 살리고 밥상을 살릴 수 있을까요? 고민은 끝도 없습니다. 이 문제는 우리 모두의 과제입니다.

이번에 한살림식생활센터에서 발간하는 '자연이 차려준 절기밥상'은 중요한 의미가 있습니다. 음식을 통해서 환경을 살리고, 건강을 살리는 것을 넘어서 전통문화까지 음식문화로써 접근한다는 것입니다. 음식은 문화입니다. 거기에 절기밥상은 음식문화의 핵심입니다. 이 책이 한살림 조합원들뿐만 아니라 일반 시민들에게도 잘 알려져서 절기음식의 의미와 가치가 잘 전달되고 활용되기를 바랍니다.

음식을 통해서 생명과 환경을 살리며 공동체를 살린다는 한살림의 철학적 가치가 이번에 펴내는 책을 통해서 잘 실현되기를 바랍니다.

이 책이 나오기까지 노력해 주신 분들과 특히 한살림식생활센터 식구들에게 감사의 말씀을 드립니다.

박용준 회장
한살림생산자연합회

책을 펴내며

세상 만사 먹을거리 이치를 담은 절기밥상

농경사회였던 우리나라는 계절과 기후의 변화에 따라 농사의 풍년을 기원하고 이를 감사하는 세시풍속 및 그에 따른 다양한 놀이와 절기에 맞춰 먹는 세시음식 등이 함께 발달하여 왔습니다.

예로부터 계절의 변화는 우리 삶과 밀접하게 연결되어져 있었습니다. 특히, 절기에 맞는 절기음식은 자연의 순리에 따라 그 시기의 에너지와 기운을 받아 자라난 식재료를 이용하여 다채롭게 만들어졌습니다. 이러한 절기음식은 자연과 우리 몸의 순환을 유기적으로 연결짓게 하는 생명이 담겨 있는 소중한 우리의 식문화라 할 수 있습니다. 그러나 어느 순간부터 우리 밥상에는 제철의 개념이 없어졌습니다. 제철음식의 자리에는 사시사철 화석연료에 의존하여 생산된 먹을거리와 어디에서 어떤 방식으로 생산되고 운송되었는지 모를 수입산 식재료로 80% 이상 채워졌습니다.

이에 한살림식생활센터 절기식문화연구분과에서는 우리의 밥상살림을 위해 조상들의 지혜와 생명이 담긴 절기음식을 3년간의 노력과 정성으로 정리하여 '자연이 차려준 절기밥상'이란 소중한 책으로 엮어 세상에 내놓게 되었습니다. 자연의 순환에 따른 절기음식을 통해 우리 밥상에 생명을 담아내고 다시 회복하는데 기여하고, 절기음식의 의미와 중요성, 따라하기 쉬운 요리법 등 다양한 내용을 정성껏 담아내었습니다.

'식일완만사지食一碗萬事知'. '밥 한 그릇으로 세상 만사의 이치를 깨닫는다'는 해월 최시형 선생님의 말씀처럼 절기밥상을 통해 독자 여러분의 밥상에서도 자연의 섭리와 온 우주만물의 유기적 생명체와 수많은 이들의 수고로움이 생각나고 쌀 한톨, 밥 한톨도 허투루 하지 않는 밥상살림 하시는데 이 책이 귀한 길잡이가 되길 소망합니다.

박소현 센터장
한살림식생활센터

| 자연이 |
| 차려준 |
| 절기 |
| 밥상 |

현대인의 밥상에서
절기음식이 필요한 이유

먹을거리가 넘쳐나는 세상이지만, 한살림이 제안하는
절기밥상에는 우리 농업, 우리 밥상, 우리 지구를 위한
깊은 생각이 담겨 있을 뿐만 아니라 사람과 자연, 생산과 소비가
모두 이어지고 연결되어 있다는 인식 속에서
밥상·농업·생명을 살리는 먹을거리를 제안해본다.

모든 것이 빠르게 변하는 시대다. 오랜 세월 자연을 바탕으로 살아온 사람들의 생활풍습은 기술발달과 생활방식의 변화로 지난 50년간 엄청난 변화를 가져왔고 옛날풍습 대부분이 사라졌다. 전통을 이야기 하거나 조상들이 먹었던 음식을 알려는 사람이 적고 마트에서 계절에 상관없이 쉽게 사서 간편하게 먹는 것이 먹을거리의 전부라고 느끼는 사람들도 많아진 세상이다. 그래서일까? 식재료를 사서 조리해 먹는 것을 불편하게 느끼는 사람들은 쉽게 사고, 먹는 방법도 해치우는 느낌으로 한 끼를 해결한다. 손쉽게 먹을 것을 살 수 있는 시대에, 눈앞에 먹을거리가 쌓여있는 상황이지만 몸과 마음은 늘 허기가 진다.

불과 몇 십 년 전만 해도 우리는 세시풍속에 맞춰 다양한 놀이를 하고 계절과 시기에 맞는 음식을 만들어 먹어왔다. 계절에 따라 자연스럽게 변한 날씨를 받아들이고 그에 따른 농사문화, 음식문화를 절기풍습이란 이름으로 전승해 오면서 자연을 벗삼은 놀이, 이웃 간의 정 나눔 음식을 함께 먹으면서 공동체 의미를 되새겼다.

오늘날에는 입춘방立春榜, 입춘에 벽이나 문짝, 문지방 따위에 써 붙이는 글, 좀생이별보기, 화전놀이, 창포물에 머리감기 등 수 많은 세시풍속이 잊혀지고 전통사회와 달리 식문화도 빠르게 변화해 절기

마다 절기음식을 챙겨먹는 식문화를 지켜나가기가 어렵다.

대보름 묵나물, 동지팥죽 등 아직까지도 인구에 회자되는 절기음식 몇 가지는 때가 되면 방송에도 나오고 직접 해먹는 사람들도 있지만 절기밥상운동으로 이어지기는 역부족이다.

매일 먹는 밥상에 제철 식재료와 특별한 이야기를 담은 시절식을 올리는 절기밥상을 제안하는 이유는 선조들의 오랜 경험과 가족에 대한 정성, 삶의 지혜로 만들어진 '식문화의 지혜창고'이기 때문이다.

음식의 역사는 삶의 과정이고 공동체의 문화다. 절기음식 문화는 우리 민족이 지켜온 풍속, 놀이, 계절적 특성과 식재료의 조화된 맛을 추구한 고유한 식문화다. 이런 절기밥상이라면 매일 먹어도 좋고, 이웃과 먹어도 좋고 귀한 손이 와서 먹어도 좋은 밥상이다.

24절기 쉽게 이해하기

절기는 태양의 움직임에 따라 15일 간격으로 찾아온다. 태양이 지나가는 길인 황도를 24개로 나누어 15도 또는 16도 간격으로 붙여진 이름이며 기후의 전환점, 즉 날씨의 변화를 효과적으로 알 수 있어 농사의 시기를 알려주는 농사달력이다.

절기에 대한 개념은 정해진 딱 그 날짜라기보다는 절기에서 절기로 이어지는 기간을 통틀어 말한다. 예를 들어 3월 6일이 경칩이라고 달력에 표시되어도 딱 그 하루만 개구리가 잠에서 깨어난다는 경칩으로 이해하기보다는 3월 21일 춘분 절기가 올 때까지 경칩 기간으로 이해하면 된다.

현재 우리가 쓰고 있는 24절기는 원래 중국 화북지방에 맞게 만들어진 것을 600년 전 세종대왕이 우리나라 현실에 맞게 그것도 한반도 중부지방을 기준으로 개선한 것이라고 『칠정산

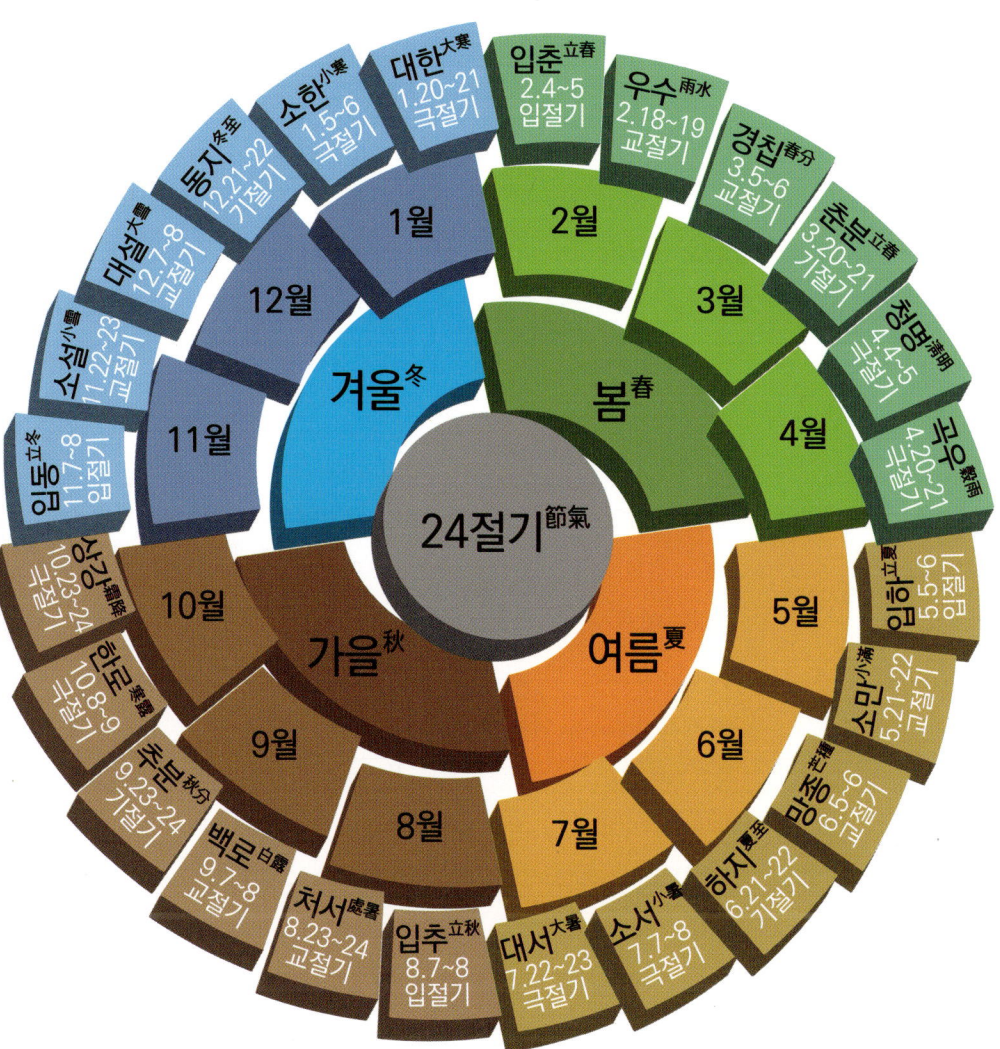

내편七政算內篇』에 기록되어 있다. 이는 지역과 자연 변화에 따라 세시풍속이 조금씩 다른 것을 보여주기도 한다.

24절기는 크게 '절節'과 '중中'으로 나뉘는데 매월 4~8일 사이에 오는 것을 '절'이라 하고, 19~23일 사이에 오는 것을 '중'이라 하는데, 중을 기준으로 그 달을 정한다. 중은 우수2월, 춘분3월, 곡우4월, 소만5월, 하지6월, 대서7월, 처서8월, 추분9월,

상강[10월], 소설[11월], 동지[12월], 대한[1월]이다. 절은 입춘, 경칩, 청명, 입하, 망종, 소서, 입추, 백로, 한로, 입동, 대설, 소한이다.

24절기는 절기 이름만으로도 계절의 변화와 더위, 추위, 강수량을 짐작할 수 있다. 춘분, 추분, 하지, 동지, 입춘, 입하, 입추, 입동은 계절의 변화를 담았고, 소서, 대서, 처서, 청명, 소한, 대한은 더위와 추위를 의미한다. 우수, 곡우, 소설, 대설은 강수량 변화를 나타내고, 백로, 한로, 상강은 수증기 변화내용을 절기 이름에 담았다.

계절 변화로 보는 24절기의 원리

지구가 태양을 공전하며 태양의 위치에 따라 찬 기운, 더운 기운, 습한 기운, 건조한 기운 등 자연의 기운에 변화가 생기고 봄·여름·가을·겨울로 사계절이 바뀌는데 절기는 사계절 구분만으로는 다 표현할 수 없는 미세한 계절의 변화를 24개로 나누어 이름을 붙인 것으로 보면 된다. 즉 24개의 작은 계절이 있는 셈이다. 한 계절은 여섯 개의 절기로 나뉜다. 이렇게 매 해 지구의 쉼 없는 공전으로 계절이 바뀌며 24절기가 순환하여 처음 출발했던 곳으로 다시 돌아와 새로운 시작을 반복한다.

24절기는 기절기·입절기·교절기·극절기로 구분할 수 있다. 새로운 계절이 일어나는 기점인 기절기는 동지·춘분·하지·추분이며 절기의 변화에 가장 극적인 전환을 보여준다. 입절기는 입춘·입하·입추·입동으로 계절의 문턱을 나타내는 절기로 기절기와 한 달 반의 차이가 나는데 이는

태양열이 지구를 데우는데 걸리는 시간을 한 달 반 정도로 보기 때문이다. 교절기는 계절과 계절이 겹쳐지는 시기로 한 계절에서 다음 계절로 넘어가면서 두 계절의 날씨를 경험하게 된다. 극절기는 계절의 극점으로 봄·여름·가을·겨울의 가장 그 계절다운 날씨가 나타나는 시기이다.

1) 기절기 _{절기의 기초}

해의 운동으로 보면 네 번의 큰 변화를 몰고오는 전환점이다. 새로운 계절이 일어나는 기점으로 24절기 중에 가장 뼈대가 되는 절기다.

① 동지 : 해가 가장 짧은 날이면서 다시 해가 길어지기 시작하는 날로 해가 죽었다가 다시 태어나는 해의 생일이라고도 하였다. 즉 밤이 가장 긴 날이어서 해가 밤에 갇혀 죽는 날이고 동지를 기점으로 해가 다시 살아나 길어지기 시작한다.

② 춘분 : 밤과 낮의 길이가 같은 날로 이후로는 낮의 길이가 길어진다. 추운 날씨에서 따뜻한 날씨로 돌아서니 풀과 벌레들이 기지개를 켠다. 춘분이 지나면서 모든 씨앗을 파종할 수 있게 된다. 농사의 계절이 시작된 것이다.

③ 하지 : 밤이 제일 짧고 낮이 제일 길어 움직임이 많은 시절이다. 장마의 시작이자 무더위의 시작점이라 장마와, 가뭄, 무더위를 대비해야 한다. 고온다습한 환경이라 먹을거리가 풍성하기도 하지만 음식이 상하기 쉬운 계절이라 조심해야 한다.

④ 추분 : 밤과 낮의 길이가 같은 날로 이후로는 밤이 길이가 길어진다. 추분이 지나면 가을 가뭄이 오면서 햇빛은 따갑고 건조하여 오곡백과가 영글기에 좋다. 가을걷이 준비를 하면 풍성한 수확물에 함박웃음을 짓기도 한다.

2) 입절기^{계절의 문턱}

새로운 계절로 들어서는 시기로 해의 운동보다 지구의 날씨가 늦게 변하므로 이전 계절의 기운이 아직 강하게 남아 있다.

① 입춘 : 봄 기운을 품기 시작하여 봄을 세우는 시기로 아직은 추운 계절이다. 봄 계절의 시작이자 농사의 준비를 알리는 상징적인 절기이다.

② 입하 : 여름 기운을 품기 시작하여 여름 세우는 시기로 활동하기 좋은 계절이다. 농작물이 자라면서 해충과 잡초와 씨름하느라 농가의 일손이 바쁜 때이다.

③ 입추 : 가을 기운을 품기 시작하여 가을을 세우는 시기로 말복을 앞두고 있어 아직은 더운 계절이다. 입추가 지나면서 밤에는 서늘한 바람이 불기 시작하므로 김장배추와 무를 심는다.

④ 입동 : 겨울 기운을 품기 시작하여 겨울을 세우는 시기로 낮의 길이가 짧긴 하지만 활동하기 좋은 계절이다. 들판의 농사가 끝나고 거둬들여 잘 보관하며 추수감사가 이루어지는 시기이다.

3) 교절기^{계절이 교차하는 시기}

해당 계절이 본색을 드러내기 시작하는 시기다. 이전 계절의 기운은 한결 가라앉아 본 계절의 기운이 드러나긴 하지만 아직 전 계절의 기운이 강하게 남아 있는 시기라 옷차림에 신경을 써야 한다.

① 우수·경칩 : 겨울과 봄이 교차하는 시기이다. 꽃샘추위가

온다.

② 소만·망종 : 봄과 여름이 교차하는 시기이다. 가뭄이 찾아온다.

③ 처서·백로 : 여름과 가을이 교차하는 시기이다. 뜨거운 한여름 기운이 찾아온다.

④ 소설·대설 : 가을과 겨울이 교차하는 시기이다. 갑작스럽게 추위가 찾아온다.

4) 극절기 그 계절의 절정

봄이면 봄, 여름이면 여름, 가을이면 가을, 겨울이면 겨울의 계절적 특성이 나타나는 시기이다.

① 청명·곡우 : 날씨는 따뜻하고 비도 적당히 내려 만물이 소생하는 시기이다. 연중 가장 아름다운 계절이다. 꽃이 만발하고 파릇파릇한 새순들이 피어나는 봄의 절정이다. 천지가 상쾌하고 맑은 기운으로 가득 차 봄의 절정을 맛 볼 수 있다.

② 소서·대서 : 뙤약볕 아래 나무도 힘을 잃고 축 늘어질 정도로 더운 여름의 절정이다. 장마와 태풍으로 인한 비와 바람과 무더위의 계절로 땀을 흘린 뒤로 먹는 보양식을 먹는 시기다.

③ 한로·상강 : 낮에는 맑고 상쾌하며 밤에는 서리가 내리는 일교차가 큰 시기로 가을의 절정이다. 단풍과 낙엽이 고와 가을 나들이 객이 줄을 이을 정도로 야외활동 하기에 좋은 날씨가 계속되는 시기이다.

④ 소한·대한 : '춥다 추워'가 저절로 입밖으로 나오는 동장군의 계절로 가장 추운 시기이다. 날이 추우니 몸 전체가 오그라들면서 움직이기 싫어지는 상황을 만들지 않도록 주의해야 한다. 24절기의 리듬을 다시 불러오는 시기로 자연의 순환을 조용히 지켜보며 봄맞을 준비를 한다.

사라지는 세시풍속과 세시음식

세시풍속은 일 년을 주기로 음력 정월부터 섣달까지 해마다 같은 시기에 공동체에서 반복되어 전승해오던 의례나 풍속을 의미하는 것으로 세시의례歲時儀禮라고도 한다. 세시歲時는 한 해의 계절, 달, 절기에 따른 때를 뜻하는 것으로, 세시라는 말에서 볼 수 있듯이 세歲는 한 해年를, 시時는 춘하추동과 열두 달을 뜻한다. 여기에는 명절, 24절기節氣 등이 포함되어 있고 이에 따른 의례와 놀이, 음식 등 다양한 내용을 담고 있다.

마을 공동으로 행했던 세시풍속은 신명나는 축제와 같은 행사이기도 했다. 명절에는 일하는 동안의 긴장을 풀고 여유로운 시간을 가지면서 다음 일을 더욱 힘차게 할 수 있는 충전의 시간으로 삼았다.

오늘날 명절은 설날과 추석이라는 2대 명절로 축소되었다. 2대 명절이라고는 하지만 가정에서는 차례와 성묘를 하는 세시풍속도 점점 축소되는 상황이다. 집에서 사라지는 명절 풍습을 만나는 곳은 민속박물관, 궁궐, 민속촌과 같은 곳이다. 애초 세시놀이였던 씨름대회, 연날리기, 윷놀이, 줄다리기, 씨름, 동채싸움 등은 학교 체육대회나 운동회 같은 행사에서 진행되었으나 점점 사라지고 있어 더 이상 참여하기 어려워지고 있다.

명절은 좋은 날을 택하여 해마다 일정하게 지키고 기념하는 날로, 갖가지 음식을 차려 조상에게 차례를 올리고 가족과 이웃 간에 음식을 나누었다. 이 때 함께 먹었던 명절음식은 절기음식으로 지역성과 사회성이 농후하고 긴 역사를 거쳐

우리의 생활의식이 상징화 된 것이다. 특히, 농경의례와 관련된 공동체 음식으로 절기음식의 재료는 쌀과 잡곡을 기본으로 하며, 각 계절별 대표 식재료를 사용했다. 고유성과 토착성이 강한 대표 음식이었던 떡처럼 지금은 의미와 내용이 퇴색되고 사라지고 있는 음식을 보면 무척 아쉽다.

　설날은 흰떡국, 조랭이떡국, 시루떡, 식혜를 먹으며 복을 기원했다. 대보름은 약식을 먹고 은혜에 보답하는 의미를 새겼다. 중화절에는 노비송편, 용떡을 먹고 한 해 노비의 노고를 대접하였으며, 삼짇날에는 진달래화전, 쑥굴레, 쑥떡을 먹으며 우환을 없애고 소원성취를 기원했다. 초파일에는 느티떡, 청절편, 기주떡, 석이단자를 먹고 석가탄신일을 축하했다. 단오에는 쑥절편, 인절미, 수리취, 모싯잎 송편을 먹으며 곡물이 잘 자라기를 기원했다. 유두에는 떡수단, 보리수단, 장미꽃전, 상화병을 먹으며 풍년을 기원하고, 칠석에는 깨찰떡, 밀설구, 주악, 밀전병을 먹으며 수확에 대한 감사의 마음을 전했다. 한가위에는 송편, 시루떡, 인절미를 먹으며 햅쌀로 조상께 감사드렸으며, 중양절에는 국화전, 감국전, 주악, 밤단자, 감떡을 먹으며 조상께 제사를 지냈다. 상달에는 붉은팥시루떡, 콩인절미를 먹으며 집안의 풍파를 없애는 기원을 올렸다. 동지에는 팥죽, 찹쌀경단, 골무떡, 무시루떡을 먹고 다가올 새해의 평안을 기원하고 섣달그믐날에는 온시루떡, 골무떡으로 한 해를 무탈하게 보낸 은덕에 감사하고 새해 액막이를 막아줄 것을 소원으로 빌었다.

다시 절기밥상을 제안하며

절기음식은 사계절의 변화가 뚜렷하고 농경문화를 토대로 살아온 우리나라에서 발달한 음식문화다. 사계절의 변화로 그 계절에만 구할 수 있는 식재료로 만들어 제철음식 개념도 만들어지고 마을 단위, 공동체 단위로 농사를 지으면서 고단하고 힘겨운 노동을 함께한 이들과 음식을 먹으면서 이웃과 나누는 음식문화이다. 산과 들, 강, 바다에서 나는 식재료별 특징을 활용하여 맛있고도 의미있는 계절별 대표음식으로 발전하고 1년 열두 달을 반복하는 자연, 환경적 특성과 계절별로 진행되는 세시풍속과 풍년농사를 기원하는 놀이와 의식들이 진행되면서 시절식음식으로 다양하게 변화해왔다. 자연과 조상에 대한 감사의 마음을 음식으로 전하는 것을 중시했던 민족답게 자연의 때를 잘 살펴서 씨 뿌리고 거두는 것에 대한 일련의 과정마다 이웃과 함께한 음식들이 지금에도 이어지고 있는 것들이 있다.

절기음식의 중요성은 선조들의 식문화와 대한 통찰과 음식 조리에 대한 깊은 지혜가 깃들어 있다는 점에서도 찾을 수 있다. 봄, 여름, 가을, 겨울의 리듬이 곧 자연의 리듬이었기에 새해가 되고 정월 대보름이 지나면 집집마다 장을 담글 준비를 했던 것처럼 그 시기에 맞게 꼭 해야했던 먹을거리 준비전략이 숨어 있기도 하다. 가족의 건강한 밥상을 마련하기 위한 1년의 준비과정이 절기별로 집안의 중요 행사였고 가족 구성원마다 건강을 지키기 위한 첫걸음인 먹는 것이 곧 보약이었던 식약동원食藥同源의 의미도 절기음식에는 고스란히 담겨 있다.

절기음식의 대표 식재료인 된장, 간장, 김치, 곡식, 채소, 젓갈 등은 오랫동안 먹어온 것이다. 맛뿐만 아니라 영양적인 면도 우수하다. 절기음식의 식재료는 대부분 제철에 나는 것으로 기본양념은 발효음식인 간장, 된장, 고추장으로 하고 갖은 양념은 참기름, 깨, 마늘, 파 등으로 한다. 발효를 다양하고도 적절하게 활용한 절기음식은 단순한 음식이 아니라 과학적으로도, 영양학적으로도 우수한 음식임에 틀림없는 것들이다.

절기음식은 마트나 편의점에서 1년 열두 달 똑같은 패턴으로 사먹는 가공식품이 아닌 절기별 별별 이야기가 담긴 스토리텔링의 소재이자 자연의 변화나 세시풍습이 담겨 있는 음식이다. 절기음식을 먹는 문화는 바뀌는 계절과 적극적으로 소통하고 받아들이기 위한 중요한 방법 중 하나이니 품을 들이더라도 절기음식을 찾아 먹을 필요가 있다.

매일 먹는 밥상에 제철 식재료와 특별한 의미를 담은 시절식 의미가 담긴 절기밥상을 제안하는 이유는 선조들의 오랜 경험과 가족에 대한 정성, 삶의 지혜로 만들어진 상차림이기 때문이다. 가족이 둘러앉는 밥상에 그저 열량과 영양소만 있는 것이 아니고 음식의 역사, 문화 생활상이 담긴 이야기가 녹아 있다.

4계절 12달, 24절기에 맞는 집안의 음식 철학과 식재료 준비과정이 있고 때를 살펴 이웃에게 음식으로 선물을 하기도 한 그 정성을 다시 되살릴 수 있는 방법 중 하나가 절기밥상이다.

밥상이 하늘이고 밥상이 보약이다.

> 음식의 역사는 삶의 역사이고 공동체의 문화다. 절기음식 문화는 우리 민족이 지켜온 풍속, 습관, 환경적 특성으로 만들어진 의례와 식재료의 조화된 맛을 추구한 고유한 식문화다. 또한 절기음식에는 먹을거리에 대한 감사의 마음과 이웃과 함께하던 공동체의식이 담겨 있다. 이런 절기밥상이라면 매일 먹어도 좋고, 이웃과 먹어도 좋고 귀한 손이 와서 먹어도 좋은 밥상이다.

일러두기

본 책에 담긴 요리는

2020년 2022년까지 한살림식생활센터에서 절기식문화연구분과 운영과정에서 모아진 것들이다. 우리 밥상에서 부지불식간에 잊혀진 절기식문화가 얼마나 우수하고 건강한 밥상인지를 공유하고 싶었다. 1년 12달 24절기에 맞춰 먹으면 좋은 음식들로 구성했다.

절기밥상 식재료

- 월별 제철 식재료를 중심으로 주재료 음식이 돋보이도록 했으며 세시풍속과 연결된 절기음식에 쓰이는 재료를 월별로 구성하여 24절기에 맞는 식재료를 제안했다.
- 모든 음식에 사용된 식재료는 한살림 전 지역에서 공급중인 것으로 했으며, 공급되지 않은 것은 채취한 것을 사용했다. 조리시간 단축과 편리성을 고려하여 완성품을 사용하기도 했다. 예시) 닭곰탕, 메밀묵, 도토리묵
- 떡에 사용된 가루는 한살림 건식쌀가루로, 모든 떡을 만들 때 물주기를 한 후 젖은 면보에 싸서 20~30분간 두었다.
- 요리에 사용된 간장은 한식 국간장을 말한다.

요리 활용법

책에 수록된 음식은 대부분 3~4인분 기준으로 나물무침 20분, 냄비밥 30분, 국·탕·찌개는 40분, 떡은 50분으로 제안했다. 표기된 재료량은 간을 슴슴하게 한 편이니 기호에 따라 맞추면 된다.

요리법별로 아래와 같은 아이콘을 통해 손쉽게 이용할 수 있도록 했다.

 채식 : 동물성 식재료를 사용하지 않아 채식인도 이용 가능한 요리법이다. 비건 기준.

 GMO-free : GMO로부터 안전한 한살림 콩으로 만든 두부, 간장, 된장 등을 사용한 요리법이다.

 비가열: 조리과정에서 불을 사용하지 않는 가열하지 않는 요리법이다.

 토박이씨앗 : 종자 주권과 지속가능한 농업을 위한 토박이씨앗을 활용한 요리법이다.

1월 절기 밥상

1월 4~8일 小寒 **소한**

대한 大寒 1월 19~23일

소한, 대한 추위에는 여름내 뜨거운 태양의 기운을 받고 여문 쌀이 좋다. 강추위에 흰쌀로 만든 밥과 떡을 먹으며 한파로부터 몸을 보호했다. 소한, 대한 추위에 건강을 잘 돌봐야 탈이 적다는 말이 있다. 생강과 계피를 달여 만든 수정과, 늙은호박을 넣은 식혜, 콩으로 만든 청국장, 김치찌개처럼 매콤한 음식도 소한 추위를 떨치고 일어날 수 있도록 기운나게 하는 음식이다. 추위와 운동 부족으로 면역력이 떨어지기 쉬운 때라 호박죽은 물론 콩나물죽, 김치죽을 끓이고 무밥과 굴밥, 고구마밥, 시래기밥도 즐겼다.

절기속담

- 소한에 얼어죽은 사람 있어도 대한에 얼어죽은 사람은 없다.
- 소한의 얼음 대한에 녹는다.
- 소한 추위는 꾸어다가라도 한다.
- 대한이 소한의 집에 가서 얼어 죽는다.
- 대한 끝에 양춘이 있다.

소한 절기밥상		대한 절기밥상	
곶감호두말이	30	잡곡밥	37
매생이굴떡국	32	무콩나물국	38
섭산적	33	시래기나물	39
메밀묵	34	조랭이떡	40
호박식혜	36	수정과	41
		녹두전	42

1월 소한

곶감호두말이

 20분   3~4인분   GMO-free   채식   비가열

재료

곶감 4개, 호두 8개

만드는 방법

❶ 곶감 꼭지부분은 자른다. 곶감을 절반으로 갈라 씨를 뺀다.
❷ 곶감이 평평하도록 밀대로 밀거나 손으로 모양을 잡는다.
❸ 곶감 가운데에 호두를 넣고 삐져나오지 않도록 꼭꼭 누르며 말아준다.
❹ 모양이 잡히면 먹기 좋은 크기로 썬다.
❺ 접시에 담아낸다.

살림이의 귀띔

호두는 씻어 끓는 물에 데쳐 찬물에 헹군다. 물기를 뺀 호두 껍질을 벗겨주면 쓴맛을 줄일 수 있다. 곶감에 호두가 잘 붙지않을 때는 꿀을 약간 발라도 좋다.

꼬챙이에 꽂아서 말린 감이란 말에서 유래한 곶감은 덜 익은 감을 깎아 말린 감이다.

1월 소한

매생이굴떡국

20분

4인분

GMO-free

재료	매생이 200g, 굴 200g, 떡국떡 600g, 대파 조금, 다시마 우린 물 1.5ℓ 양념 간장 1큰술, 소금 1/3 작은술, 참기름 1작은술, 굵은소금 약간
만드는 방법	❶ 다시마는 1시간 정도 찬물에 담가 우려놓는다. ❷ 매생이는 고운체에 넣고 2~3회 씻은 뒤 물기를 뺀다. ❸ 굴은 소금을 녹인 물에 씻어 껍데기 등 이물질을 제거한다. ❹ 냄비에 다시마 우린 물을 넣고 끓으면 떡을 넣고 떡이 익을 때 쯤 굴과 매생이를 넣은 뒤 국간장과 소금으로 간한다. ❺ 한소끔 끓으면 불을 끈 뒤 참기름과 대파를 넣는다.
살림이의 귀띔	매생이는 오래 끓이면 색이 변하고 맛이 없으니 굴만 살짝 익으면 바로 불을 끈다. 매생이는 씻을 때 체에 담아서 씻고 가위로 두어 번 정도 자르면 먹기가 편하다. 매생이는 섬유질이 촘촘해 뜨거워도 김이 나지 않아 그냥 먹다가 입천장이 까이기가 쉽다. 옛말에 딸 고생시키는 미운 사위들 입천장 다 까지라고 대접하는 음식으로 알려져 '미운사위죽'이라는 별명도 있다.

1월 소한

섭산적

 50분   6인분   GMO-free

재료	한우분쇄육 200g, 두부 70g, 잣 10알, 현미유
	양념 간장 1큰술, 다진파 1작은술, 다진마늘 1작은술, 볶은깨, 후추, 참기름

만드는 방법

❶ 두부는 면보에 넣어 물기를 짜서 으깬다.

❷ 한우분쇄육은 종이행주를 이용해 핏물을 뺀다.

❸ 볼에 ①, ②와 양념을 넣어 끈기가 생길 때까지 치댄다.

❹ 도마에 은박지를 깔고 현미유를 바른다. ③을 올려 0.7㎝ 두께의 사각 모양으로 잡고 가로, 세로 모두 잔 칼집을 넣는다.

❺ 달구어진 프라이팬에 현미유를 두르고 ④를 넣어 앞뒤로 속이 익을 때까지 중불에서 익힌다. 겉이 갈색이 나도록 굽는다.

❻ 잣은 고깔을 떼고 종이행주에 올려 기름기를 제거하고 곱게 다져 잣가루를 만든다.

❼ 구운 섭산적을 완전히 식혀 자른 후 접시에 담아 잣가루를 뿌린다.

1월 소한

메밀묵

10분

4인분

GMO-free

채식

비가열

재료
메밀묵 420g
양념 간장 2큰술, 물 2큰술, 고춧가루 1작은술, 쪽파다짐 1큰술, 마늘 1작은술

만드는 방법
❶ 메밀묵은 한살림 물품을 사용하여 먹기 좋은 크기로 자른다.
❷ 준비된 양념재료를 섞어 양념장을 만든다.
❸ 메밀묵 위에 양념장을 얹어 낸다.

살림이의 귀띔
메밀이 찬 음식이라 한꺼번에 많이 먹지 않도록 한다. 메밀 속 루틴성분이 피로감을 줄이고 노화를 더디게 하는 역할을 한다고 알려져 있다.

묵은 예부터 구황음식으로도 별미음식으로도 즐겨 먹었던 음식이다. 수분이 80%를 차지해 열량이 적고, 무기질 등 영양성분이 풍부하다. 가열하지 않고 간단히 무치기만 해도 훌륭한 요리가 되고, 탄력 있는 식감에 고소한 맛이 좋아 여름에 더 잘 어울리는 식재료다.

1월 소한
호박식혜

50분 | 4인분 | GMO-free | 채식

재료
늙은호박 90g, 단호박 50g, 찹쌀 80g, 엿기름가루 90g, 설탕 70g, 물 600g, 잣 8g

만드는 방법
1. 엿기름가루는 찬물에 하루 정도 충분히 우려낸 후 받쳐 앙금을 가라 앉혀 맑은 윗물만 따라낸다.
2. 찹쌀은 씻어 충분히 불려 고두밥을 찌고, 단호박·늙은호박은 삶아 곱게 으깬다.
3. 늙은호박, 단호박, 뜨거운 찰밥을 엿기름물에 섞어 보온밥솥에서 보온기능으로 50~60℃에서 5시간쯤 삭힌다.
4. 밥알이 삭아서 떠오르면 설탕을 넣어 한소끔 끓인다. 편썬 생강을 넣고 끓여주면 생강의 맛과 향이 잘 어울린다.
5. 차게 식혀서 먹기 직전에 잣을 띄운다.

살림이의 귀띔
호박은 식이섬유뿐만 아니라 비타민, 칼륨이 풍부하고 엿기름으로 발효한 음료라 소화에도 좋다. 떡과 함께 즐기던 음료다.

1월 대한

잡곡밥

 30분　 4인분　 GMO-free　 채식

재료	멥쌀 2컵, 차조 1/4컵, 기장 1/4컵, 찰보리 1/4컵, 수수 1/4컵, 물 3컵
만드는 방법	❶ 쌀, 차조, 기장은 한데 섞어 깨끗이 씻은 뒤 체에 받쳐 30분간 불린다. ❷ 수수와 찰보리는 잘 씻어 40분간 불린다. ❸ 솥에 준비해 둔 쌀과 잡곡을 넣고 백미 밥 하듯이 한다. 잡곡이 푹 익도록 뜸을 10분 정도 들인다. 밥물은 수수 불린 물과 물을 섞어서 잡는다.
살림이의 귀띔	다양한 잡곡을 넣으려면 혼합5곡, 혼합8곡을 사용해도 된다.

1월 대한

무콩나물국

 30분　 3~4인분　 GMO-free　 채식

재료	콩나물 100g, 무 150g, 쌀뜨물 500㎖, 대파 1대, 양념 국간장 1큰술, 참기름 1큰술, 소금 약간
만드는 방법	❶ 냄비에 씻은 콩나물과 채썬 무를 참기름과 간장에 버무려 밑간한다. ❷ ①에 쌀뜨물을 넣고 끓인다. ❸ 대파를 썰어 넣는다. ❹ 덧간은 소금으로 하고 그릇에 담아낸다.
살림이의 귀띔	쌀뜨물에 끓이면 콩나물 비린내를 잡을 수 있다. 맑은 국물을 원하면 채수 우린 물이나 멸치다시마를 우려 사용해도 된다.

시래기나물

20분 | 3~4인분 | GMO-free | 토박이씨앗

재료 무청시래기 삶은 것 300g, 멸치육수 1/2컵, 들기름 1.5큰술
무침양념 간장 1.5큰술, 다진파 2큰술, 다진마늘 1큰술, 깨소금 2큰술, 들기름 1.5큰술

만드는 방법
① 삶은 시래기는 물에 담갔다가 씻어 물기를 짜서 껍질을 벗긴다.
② 껍질을 벗긴 시래기는 먹기 좋은 길이로 자른다.
③ ②에 무침양념을 넣고 양념이 잘 배이도록 조물조물 무친다.
④ 달군 프라이팬에 들기름을 두르고 ③을 넣어 볶는다. 시래기가 잘 볶아지면 멸치육수를 넣고 약불로 지진다.
⑤ 물이 없어지면 접시에 담고 통깨를 뿌린다.

살림이의 귀띔 한살림 냉동시래기는 불리거나 껍질을 벗길 필요없이 사용할 수 있다. 들깨가루를 넣어 국물이 자작하게 만들어도 좋다.

1월 대소한

조랭이떡

 60분   3~4인분   GMO-free   채식

재료
건식멥쌀가루 300g, 물 220g, 소금 4g

만드는 방법
❶ 멥쌀가루에 소금, 물을 넣어 비벼준 다음 젖은 면보에 20분간 안정화시킨 후 찜기에 20분 가량 찐다.
❷ 멥쌀가루가 쪄지면 찰기가 나게 치댄다.
❸ 손바닥으로 가늘고 길게 만들어 2cm 길이로 자른다.
❹ 젓가락으로 가운데를 잘룩한 조롱박 모양처럼 굴려가며 만든다.
❺ 다 만들어지면 찬물에 담갔다가 물기를 뺀다.

살림이의 귀띔
조랭이떡을 찬물에 헹굴 때 참기름을 한두 방울 넣으면 윤기가 나고 마르지 않아 먹기 좋다.

1월 대한

수정과

 50분　 3~4인분　 GMO-free　 채식

재료　계피 80g, 물 2.4ℓ, 생강 100g, 설탕 130g, 잣 약간, 대추 1개, 곶감 1개

만드는 방법
❶ 계피와 생강은 깨끗하게 씻는다.
❷ 큰 냄비에 ①과 물 1.2ℓ를 넣고 중약불로 끓인다.
❸ ②를 체에 거른다. 걸러진 국물에 설탕을 넣고 약불에서 10분 정도 더 끓인다.
❹ 씨를 뺀 대추는 둥글게 말아 꽃모양이 나오도록 썬다. 곶감은 4등분 한다. 잣은 고깔을 정리한다.
❺ ③을 차갑게 식혀 그릇에 담고 ④의 고명을 띄워 낸다.

살림이의 귀띔　생강과 계피는 따로 끓여 충분히 우려낸다. 함께 끓이면 텁텁해진다. 생강청이 있다면 계피를 맛과 향이 충분히 나도록 우린 물에 청을 넣고 끓여 마셔도 된다. 설탕을 넣을 때 마스코바도 설탕을 사용하면 색이 진해져 색과 맛이 좋아진다. 곶감은 마시기 전에 넣어야 풀어지지 않는다.

자연이 차려준 절기밥상

1월 대한

녹두전

 50분
 4인분
 GMO-free
 토박이씨앗

재료 깐녹두 1컵, 찹쌀 3큰술, 김치 100g, 돼지고기 다짐육 200g, 숙주 100g, 부침가루 5큰술
고기양념 간장 1큰술, 다진마늘 1큰술, 다진파 1큰술, 참기름 1큰술, 후추 약간

만드는 방법
❶ 깐녹두 1컵과 찹쌀을 깨끗이 씻어 동량의 물에 담가 하루 정도 불린다.
❷ 불린 녹두와 찹쌀을 물과 함께 믹서에 거칠게 간다.
❸ 돼지고기는 고기양념으로 밑간해 주고, 숙주와 김치는 송송 썬다.
❹ ②에 밑간한 돼지고기, 숙주, 김치, 부침가루를 섞어 반죽을 만든다.
❺ 프라이팬에 기름을 넉넉히 두르고 달궈지면 반죽을 동그랗게 만들어 부친다.
❻ 한쪽 면이 충분히 익으면 뒤집어 익혀 낸다.

살림이의 귀띔 불린 녹두의 껍질은 뜰채를 이용하여 걷어내고, 녹두 불린 물은 버리지 않고 믹서에 갈 때 넣어 사용한다.

녹두를 싹을 틔워 키운 것이 숙주나물이다.
녹두는 해독작용이 뛰어나 녹두로 만들어진
음식을 정기적으로 먹으면 좋다.

2월 절기 밥상

2월 4일 ~ 8일 입춘

우수 雨水 2월 19 ~ 23일

입춘이 되면 대문이나 기둥, 아파트 현관 입구에 좋은 글귀를 써서 붙이는데 '입춘방立春榜'이라고 한다. 입춘을 기리는 세시풍속 가운데 적선공덕행積善功德行이 있다. 마을 사람들이 다니는 길을 정리한다든가, 눈길을 쓰는 것처럼 아무도 모르게 많은 사람에게 좋은 일을 하는 풍속이다. 한겨울 추위를 견디고 돋아난 다섯 가지 매운맛이 나는 햇나물로 만든 오신채, 보리밥 등을 먹었다. 우수가 되면 얼었던 대동강 물도 풀린다고 하여 음력 정월장을 담갔다. 꽃샘추위가 잠시 기승을 부리기도 하지만 오곡밥과 묵나물을 먹으며 농사준비를 하고 씨앗을 고른다. 김장김치로 김치전, 김치만두, 김치죽을 해먹었다.

절기속담

- 입춘첩 거꾸로 붙였나. 입춘이 지났는데 날씨가 몹시 추운 경우를 이르는 말
- 입춘 추위에 김장독 깬다.
- 입춘에 보리뿌리 3개면 풍년이 든다.
- 입춘날 무슨 생채냐? 신나는 일이 있거나 맛난 음식을 먹었을 때 주로 하는 표현
- 우수 경칩에 대동강 물이 풀린다.
- 우수 뒤의 얼음 같이 한다. 우수가 지나고 나면 추운 날씨가 누그러져 얼음이 녹아 없어짐을 뜻함

입춘 절기밥상		우수 절기밥상	
오신반	46	오곡밥	54
탕평채	48	봄동된장국	55
냉이나물	49	원소병	56
메밀묵온반	50	복쌈	58
짚신송편	52	애호박말림나물	59
구기자차	53		

2월 입춘

오신반

 30분　 2~3인분　 GMO-free　 채식　 토박이씨앗

재료　백미 150g, 기장 40g, 냉이 100g, 달래 60g, 부추 50g, 새싹채소 80g, 루꼴라 80g, 방울무 1개, 양념고추장 4큰술, 참기름 약간

만드는 방법
❶ 백미와 기장은 씻어 체에 받쳐 불린 후 밥을 짓는다.
❷ 냉이는 흙이 잘 빠지도록 물에 담갔다가 씻어 끓는 물에 데친다.
❸ ②와 달래, 부추, 루꼴라, 방울무는 5cm 길이로 썬다.
❹ 밥을 담고 위로 ③과 새싹채소를 가지런하게 올린다.
❺ 밥과 양념고추장, 참기름을 곁들여 낸다.

살림이의 귀띔　냉이는 물에 30분 정도 담갔다가 흙이 완전히 떨어질 수 있도록 씻기를 반복해야 한다.

냉이는 자생력이 강해 우리나라 밭이나 들판에 자라는데 가을냉이와 봄냉이를 먹는다. 겨울을 견디고 싹튼 봄냉이는 잎은 무성하지 않지만 뿌리를 깊게 내려 입춘을 지나면서 많이 먹는 봄철 대표 나물이다. 가을냉이는 가을 기운으로 잎이 무성하고 겨울을 준비하기 위해 뿌리를 깊게 내리려 한다.

2월 입춘

탕평채

 40분　 3~4인분　 GMO-free　 토박이씨앗

재료
청포묵 420g, 표고버섯 20g, 숙주 80g, 미나리 80g, 유정란 2개, 김 1장, 소금 1큰술, 참기름 2큰술
초간장 간장 2큰술, 식초 2큰술, 물 2큰술

만드는 방법
❶ 길이 7cm, 폭과 두께 0.5cm로 채썬 청포묵을 끓는 물에 데친 후 찬물에 헹구어 소금과 참기름으로 밑간한다.
❷ 표고버섯은 길이 5cm, 폭, 두께 0.3cm로 채썰어 밑간하여 볶는다.
❸ 숙주는 머리와 끝을 손질하고 미나리는 줄기부분만 끓는 물에 데친 후 찬물에 헹구어 소금과 참기름으로 밑간한다.
❹ 달걀은 황·백 지단을 부쳐 곱게 채썬다.
❺ 김은 약불에서 살짝 구워 부수고 접시에 준비한 재료를 색에 맞춰 담고 먹을 때 초간장으로 무친다.

2월 입춘

냉이나물

 20분   4인분   GMO-free   채식   토박이씨앗

재료

냉이 200g
양념 간장 2큰술, 참기름 1큰술, 마늘다짐 1작은술, 다진파 1큰술, 통깨 1작은술

만드는 방법

❶ 냉이는 10분 정도 물에 담가 흙이 빠지도록 둔다.
❷ 여러 번 씻으면서 뿌리 부분과 잎부분을 다듬는다.
❸ 냉이는 끓는 물에 소금을 넣고 데친다.
❹ 데친 냉이는 찬물에 헹궈 꽉 짠다.
❺ 준비된 양념은 고루 섞는다.
❻ ④의 냉이를 살살 흔들면서 풀어주고 준비된 양념으로 조물조물 무친다.

자연이 차려준 경기밥상

2월 입춘

메밀묵온반

 30분　 4인분　 GMO-free　 토박이씨앗

재료 　쌀 80g, 차조 또는 기장 80g, 메밀묵 840g²모, 김치 400g, 쪽파, 참기름 1큰술, 꽃송이버섯 100g, 새싹채소 50g, 김 1장, 해물맛 국물팩 2개, 물 1ℓ, 간장 2큰술
양념 간장 5큰술, 다진마늘 1작은술, 송송썬 쪽파 10g, 고춧가루 1큰술, 깨소금 1/2큰술, 참기름

만드는 방법
❶ 쌀과 기장을 씻어 30분간 체에 받쳤다가 기장밥을 짓는다.
❷ 메밀묵은 7×1㎝로 채썬다.
❸ 국물팩을 물에 넣고 끓여 간장으로 간하여 장국을 준비한다.
❹ 김치와 쪽파를 송송 썰어 참기름에 무치고, 김은 살짝 굽는다.
❺ 그릇에 기장밥과 ②와 ④를 담고 장국을 붓는다. 김치는 메밀묵 크기와 같도록 썰고 꽃송이버섯과 새싹채소를 올린다. 김으로 고명을 얹는다.
❻ 양념장을 곁들여 먹는다.

살림이의 귀띔　온반이란 국에 밥을 말아먹는 음식을 말한다. 메밀묵온반은 잘 우려낸 육수에 조밥을 넣고 메밀묵과 채소와 버섯 등을 고명으로 올렸다. 꽃송이버섯은 모양과 식감이 좋아 올렸다.

찬 성질의 메밀은 파종에서 수확까지 60일 정도 걸리는데 모밀 또는 메밀로 불렸으나 메밀이 표준어이다.

2월 입춘

짚신송편 노비송편

 50분   6인분   GMO-free   채식   토박이씨앗

재료 건식멥쌀가루 300g, 서리태콩 검은콩 150g, 소금 4g, 끓는 물 200g, 참기름, 솔잎 약간

만드는 방법
❶ 체에 내린 멥쌀가루에 소금을 넣고 뜨거운 물로 익반죽하여 충분히 치댄다.
❷ 서리태콩은 1시간 정도 불린 후, 소금을 넣어 삶는다.
❸ 삶은 콩에 설탕, 소금을 넣어 간을 한다.
❹ 반죽을 30g 가량 떼어 삶은 콩을 넣고 오므려 송편 모양으로 빚는다.
❺ 센불에서 20분 정도 찌고 불을 끈 후 후뜸을 5분 정도 들인다.

살림이의 귀띔 짚신송편 노비송편은 농가에서 풍년을 기원하는 의미로 집집마다 장대에 곡식 이삭을 매달아 대문간에 세워두었다가 농사일을 시작하기 전 음력 2월에 송편으로 만들어 일꾼들에게 나누어주던 풍속에서 유래한 떡이름이다.

2월 입춘

구기자차

 40분　 6인분　 GMO-free　 채식

재료　구기자 20g, 물 5컵, 잣 1큰술, 설탕·꿀 적당량

만드는 방법
❶ 구기자를 물에 가볍게 씻는다.
❷ 끓는 물에 구기자를 넣고 30분 정도 중불에서 은근하게 달인다.
❸ 충분히 우러나면 고운 체에 찻물을 거른다.
❹ 따뜻하게 데운 찻잔에 붓고 잣을 서너 알 띄운다.
❺ 기호에 따라 꿀을 따로 곁들여 낸다.

살림이의 귀띔　옛 어른들은 구기자 열매를 음식과 차에 많이 활용했다. 색이 붉고 벌레 먹지 않은 것을 골라 말리고 덖어 차로 마셨는데 면역력을 높여 건강을 지키는데 도움이 되었다.

2월 우수

오곡밥

30분 | 4인분 | GMO-free | 채식 | 토박이씨앗

재료 찹쌀 2컵^{150g}, 멥쌀 1컵^{70g}, 팥 1/2컵^{40g}, 기장 1/2컵^{40g}, 수수 1/2컵^{40g}, 콩 1/2컵^{40g}, 물 4컵, 소금 2꼬집

만드는 방법
❶ 찹쌀, 멥쌀, 수수, 기장은 씻어 30분간 물에 불린다.
❷ 콩은 씻어 미지근한 물에 30분간 불린다.
❸ 팥은 우르르 한 번 삶고 이 물은 버린다.
❹ ③의 팥이 푹 익을 때까지 충분히 삶는다.
❺ 솥에 쌀과, 수수, 기장, 콩, 팥, 소금을 넣고 팥 삶은 물을 부어 밥을 한다.

살림이의 귀띔 쌀로만 밥을 지으면 부족할 수 있는 단백질과 비타민을 잡곡에서 보충할 수 있도록 한 영양밥이다.

봄동된장국

2월 우수

 20분   4인분   GMO-free

재료	봄동 200g, 대파 1대, 양파 1/4개, 물 5컵 양념 된장 2큰술, 다진마늘 2작은술, 소금 약간 육수 해물맛 국물팩 1개에 물 1ℓ
만드는 방법	❶ 냄비에 국물팩과 물을 부어 육수를 만든다. ❷ 봄동은 먹기 좋은 크기로 썬다. ❸ 양파와 대파는 굵게 채썬다. ❹ 육수에 된장을 풀어 끓이면 봄동과 대파, 양파를 넣고 마늘을 넣어 끓인다. ❺ 봄동이 익어서 부드럽게 되면 모자란 간은 소금으로 하고 그릇에 담아낸다.

2월 우수

원소병

 50분　 4인분　 GMO-free　 채식　 토박이씨앗

재료
건식찹쌀가루 300g, 소금 3g, 설탕 25g, 뜨거운 물 180g, 대추 30g, 유자청 2큰술, 찐단호박 30g, 복분자액 2큰술, 쑥가루 1큰술, 꿀물^{물 1컵, 꿀 3큰술}, 잣 2큰술

만드는 방법
① 찹쌀가루에 소금과 설탕을 섞은 후 체에 내려 4등분 한다.
② 각각의 가루에 분량의 단호박, 복분자액, 쑥가루를 각각 넣고 비빈 다음 뜨거운 물로 익반죽하여 황, 적, 녹, 흰색 반죽을 만든다.
③ 젖은 면보에 각 반죽을 넣고 20분간 안정화시킨다.
④ 대추 살과 유자청 건지를 곱게 다진 후 섞어서 소를 만든다.
⑤ 안정화시킨 각 반죽에 ④와 잣 한두 알을 넣고 지름 2cm 내의 크기로 동그랗게 빚는다.
⑥ 끓는 물에 넣어 떡이 떠오르면 1분 후 체로 건져 찬물에 헹궈 식힌다.
⑦ 그릇에 색색의 떡을 담고 꿀물이나 설탕물, 오미자물을 붓고 잣을 띄워 낸다.

살림이의 귀띔
원소병 색은 집에 있는 다양한 색상의 울금가루, 새싹보리와 과일즙인 포도즙, 당근즙 등을 활용하면 고운 색을 얻을 수 있다.

찹쌀가루를 익반죽하여 소를 넣고 은행알만큼씩 빚어 끓는 물에 익혀서 오미자국물이나 꿀물에 담가 먹는 음료인 '원소병'이란 이름은 북경에서 정월 보름에 만들어 먹는 음식에서 유래했다.

| 1월 소한 대한 |
| 2월 입춘 우수 |
| 3월 경칩 춘분 |
| 4월 청명 곡우 |
| 5월 입하 소만 |
| 6월 망종 하지 |
| 7월 소서 대서 |
| 8월 입추 처서 |
| 9월 백로 추분 |
| 10월 한로 상강 |
| 11월 입동 소설 |
| 12월 대설 동지 |

복쌈

2월 우수

 30분　 4인분　 GMO-free　 채식

재료　김 5장, 쌈다시마 5장, 취나물잎 10장, 배추잎 5장, 양배춧잎 5장, 오곡밥 4공기
양념장 간장 4큰술, 다진파 2큰술, 마늘 1큰술, 참기름 1큰술, 참깨 약간, 고춧가루 약간

만드는 방법

❶ 쌈다시마는 소금을 털어내고 씻어 끓는 물에 데쳐 물기를 짠다.
❷ 취나물, 배추잎, 양배추 잎도 씻어 끓는 물에 데쳐 물기를 짠다.
❸ 쌈 재료에 오곡밥을 넣고 밥이 삐져나오지 않도록 싼다.
❹ 미리 준비한 오곡밥을 쌈의 크기에 맞춰 복쌈을 싼다.
❺ 분량대로 양념장을 만들고 복쌈을 양념장에 찍어 먹을 수 있도록 담아낸다.

살림이의 귀띔　복쌈은 음력 정월 대보름에 복을 싸서 먹는다는 의미로 먹었다. 『동국세시기』에 정월 대보름날 묵나물로 밥을 싸 먹으면 여름에 더위를 타지 않는다고 전하는데, 배추잎과 김으로 밥을 싸서 먹었다. 묵나물로는 잎이 넓은 취나물, 피마자나물 등을 이용하였다. 제철에 나는 나물로 쌈을 싸서 먹어도 좋다.

2월 우수

애호박말림나물

 30분　 6인분　 GMO-free　 채식

재료
애호박말림 100g, 간장 1큰술, 다진마늘 1큰술, 다진파 1큰술, 식용유 2큰술, 참기름 2큰술, 물 2컵(400㎖)

만드는 방법
❶ 애호박말림나물을 가볍게 씻어 5~10분 가량 불린 후 물기가 조금 있도록 짠다.
❷ 달군 프라이팬에 식용유와 마늘을 넣고 볶다가 ①을 넣고 간장 1큰술을 넣어 2~3분간 볶는다.
❸ ②에 애호박말림나물 불린 물 400㎖를 넣고 뚜껑을 닫는다.
❹ 애호박말림나물이 조금 물러지면 수분을 자작하게 날리고 참기름과 다진파를 넣고 볶는다.
❺ 접시에 담고 깨소금을 올린다.

살림이의 귀띔
건나물을 오래 불리면 맛이 빠져버리므로 짧은 시간 불리고 불린 물을 사용하여 찌듯이 볶는 게 식감을 살린다.
건나물을 씻거나 불릴 때 쌀뜨물을 활용하면 묵나물 특유의 냄새를 잡고, 부드러운 나물을 만드는데 도움이 된다.

3월 절기밥상

3월 4일 ~ 8일 驚蟄 **경칩**

춘분 春分 3월 19 ~ 23일

경칩이 되면 개구리가 겨울잠에서 깨어나듯 자연만물이 소생한다. 한 해를 건강하게 보내기 위해 위장과 뼈에 좋다는 고로쇠나무의 수액을 마셨다. 경칩 즈음에 연인들이 사랑을 확인하기 위해 선물을 주고받던 풍습도 있다. 춘분은 강남 갔던 제비가 돌아올 정도로 따뜻해지고 들나물을 캐어 먹는다. 이 시기에 밭을 갈지 않으면 일 년 내내 배고프다고 할 정도로 농사 일에 몰입을 한다. 농사를 위해 집에서 일하는 사람들에게 나이떡을 해먹이고 콩을 볶아 먹기도 했다. 바다가 인접한 지역에서는 주꾸미와 도다리쑥국을 먹었다.

절기속담

- 경칩이 되면 삼라만상이 겨울잠을 깬다. 경칩이 되면 겨울이 끝나고 신천초목이 깨어나는 봄이 도래함

- 덥고 추운 것도 추분과 춘분까지다. 추분이 지나면 더위가 끝나 선선해지고, 춘분이 끝나면 추위가 끝나 따뜻해진다는 뜻

경칩 절기밥상

냉이바지락밥	62
방풍나물콩국	64
미나리김치	65
보리순수제비	66

춘분 절기밥상

쑥굴레	68
콩죽	69
약식	70
미역초무침	72
오과차	73

자연이 차려준 청기밥상

3월 경칩

냉이바지락밥

 30분　 4인분　 GMO-free　 토박이씨앗

재료	쌀 2컵, 냉이 100g, 생바지락살 200g, 미온 1큰술, 물 2컵 **양념장** 간장 1큰술, 달래 2큰술, 참기름 1큰술, 깨소금 1작은술
만드는 방법	❶ 쌀을 씻어 체에 받쳐 30분간 불린다. ❷ 손질한 냉이는 끓는 물에 살짝 데쳐 한 입 크기로 썰어 놓는다. ❸ 끓는 물에 생바지락살을 넣고 살짝 데쳐 체에 받친다. ❹ 솥에 쌀을 넣고 바지락 삶은 물 2컵으로 밥물을 잡는다. ❺ 밥이 끓기 시작하면 냉이, 바지락살, 미온을 넣고 뚜껑을 덮는다. ❻ 약불에 15분 정도 익힌 후 5분 정도 후뜸을 들인다. 그릇에 담아서 달래장과 함께 낸다.
살림이의 귀띔	냄비밥을 하면 뜸들일 때 냉이와 바지락을 넣어도 되고 중간에 열수가 없는 경우 바지락은 미리 넣어 밥을 하고 냉이는 밥을 풀 때 섞어 퍼도 된다. **냉이 손질법** 　① 잔뿌리와 흙을 칼로 살살 긁어낸다. 　② 뿌리와 잎이 연결되는 부분을 칼로 도려내듯 잘라 뭉친 흙을 제거한다. 　③ 시든 잎을 떼어내고 30분 정도 물에 담근다. 　④ 물에 젖은 흙이 가라 앉으면 흐르는 물에 씻어 사용한다.

바지락은 백합과의 조개로 현재의 이름은 본래 '바지라기'라고 부르던 것이 변한 것이다. 지방에 따라서는 '반지락'(동해안 지역), '반지래기'(경남 지역) 등으로 부르기도 한다. 바지락에는 양질의 단백질이 풍부하며 철분, 비타민 B12, 칼슘, 엽산이 다량 함유되어 있다. 한국에서는 된장국과 칼국수에 넣는 조개로 쓴다. 바지락이 가장 맛있는 시기는 2월부터 4월 사이이다.

3월 경칩

방풍나물콩국

 20분　 4인분　 GMO-free　 채식

재료　방풍나물 100g, 생콩가루 50g, 파 1뿌리, 된장 2큰술^{40g}, 국간장 1큰술, 소금 약간
육수 해물맛 국물팩 2개, 자투리채소 $^{양파껍질, 파뿌리 등}$, 물 6컵^{1200ml}

만드는 방법
❶ 방풍나물과 파를 씻어 방풍나물은 먹기 좋은 크기로, 파는 어슷하게 썬다.
❷ 물 6컵에 해물맛 국물팩 2개와 자투리채소를 넣고 끓여 육수를 만든다.
❸ 육수에 된장을 풀어 끓인다.
❹ 방풍나물에 생콩가루를 입혀서 ❸의 냄비에 넣고 곧바로 불을 끈다.
❺ 잠시 후 불을 켜서 파를 넣고 한소끔 끓인다.
❻ 덧간은 간장이나 소금으로 한다.

살림이의 귀띔　콩국은 저으면서 끓이면 안 된다. 젓게 되면 콩가루가 흩어져 국물이 탁해지고 가라앉아 콩가루 맛을 제대로 맛볼 수 없다.

3월 경칩

미나리김치

 20분
 4인분
 GMO-free
 토박이씨앗

재료

미나리 500g, 양파 130g 1/2개

양념 배농축액 20g, 멸치액젓 2큰술 25g, 다진마늘 20g, 소금 7g, 고춧가루 21g, 찹쌀풀 100g 찹쌀가루 18g, 물 120㎖

만드는 방법

❶ 미나리는 데친 후 4등분하여 자른다.
❷ 배농축액, 멸치액젓, 다진마늘, 소금, 찹쌀풀, 고춧가루를 모두 섞어 양념을 만든다.
❸ 양파는 채썰어 양념에 버무린다.
❹ ③에 미나리를 넣고 버무린다.

살림이의 귀띔

미나리김치는 데치지 않고 소금에 절여서 해도 된다. 절이면서 질겨질 수 있어 살짝 데쳐 버무리면 부드럽고 맛과 향이 좋은 미나리김치를 맛볼 수 있다. 미나리김치는 오래두고 먹는 김치가 아니다. 1~2주 안으로 먹을 만큼 만들어 먹으면 좋다.

3월 경칩

보리순 수제비

30분

4인분

GMO-free

재료   보리순 50g, 물100g, 흰 밀가루 200g, 현미유 1작은술, 애호박 1/2개, 당근1/2개,
          양파 1/2개, 버섯 약간
          육수 물 1.5ℓ, 간장 2큰술, 멸치액젓 2작은술, 해물맛 육수팩 1개, 소금 약간

만드는 방법
❶ 보리순은 씻어서 물기를 뺀 뒤 물과 함께 믹서에 간다.
❷ 흰 밀가루에 보리순 갈아놓은 물을 부어 반죽한다.
❸ 조금 거칠게 반죽되면 기름을 넣고 잘 치대어 밀폐형 그릇에 넣어 20분 정도 안정시킨다.
❹ 애호박, 당근, 양파는 먹기 좋게 썬다. 보리순 수제비 육수를 준비한다.
❺ 밀폐용기에 담아뒀던 반죽을 꺼내어 다시 잘 주물러준 뒤 간이 되어있는 끓는 국물에 조금씩 떼어 넣는다.
❻ 반죽을 다 넣은 뒤 썰어놓은 채소도 모두 넣는다. 순서는 바뀌어도 된다.
❼ 수제비 반죽이 다 익어 떠오르고 채소가 익으면 그릇에 담아낸다. 부족한 간은 소금으로 한다.

살림이의 귀띔
보리순수제비 대신 보리순가루를 사용해도 된다. 보리순가루가 있으면 보리순이 없을 경우 편하게 사용할 수 있다.
보리 특유의 거친 식감이 있으므로, 빨래를 주무르듯이 빡빡 주물러 씻어 숨을 죽여 넣는다. 통밀가루나 앉은키 밀가루를 사용하면 구수한 맛이 난다.

추운 겨울을 이겨내는 보리순은 알칼리성 토양에서도 잘 자라나는 강인한 생명력을 가지고 있다.
체내의 산성을 중화시켜 균형을 유지하는데 도움을 주고 '혈관청소부'라고 불릴 정도로 혈압, 비만을 개선하는데 효능이 탁월하다. 일본에서는 '불로초'로 부르기도 하는데 겨울을 이기고 새순이 자라 '능동초'라고 부른다.

3월 춘분

쑥굴레

 50분
 4인분
 GMO-free
 채식
 토박이씨앗

재료	건식찹쌀가루 300g, 소금 1g, 쑥가루 10g 또는 쑥 30g, 물 240g, 대추 5알, 잣 1큰술 소 거피팥 150g 또는 거피녹두 150g, 소금 1g, 꿀 30g, 유기설탕 20g, 계피가루 적당량
만드는 방법	❶ 찹쌀가루, 소금을 섞어 체에 내리고 쑥가루와 물을 넣어 살살 섞는다. ❷ ①을 김 오른 찜통에 넣고 중약불에서 10분간 찌고 15분간 치댄다. ❸ 팥은 5시간 정도 불려 푹 삶아 고운 체에 걸러 거피하고 김 오른 찜통에 쪄 낸 후 뜨거울 때 소금을 넣고 절구에 빻은 후 체에 내려 고물로 준비한다. ❹ 대추는 돌려 깎아 잘게 썰고, 잣은 다진다. ❺ ③을 둘로 나눠 대추, 잣, 설탕, 꿀, 계피가루를 넣어서 ③과 섞어 거피팥소를 촉촉하게 만든다. 거피팥소를 공 모양으로 둥글게 빚는다. ❻ 손에 기름 또는 물을 발라 20g 가량의 반죽을 떼어 납작하게 만들어 거피팥소를 넣어 둥글게 빚은 후에 고물을 묻혀 접시에 담는다.
살림이의 귀띔	생쑥을 사용할 경우 잎만 떼어 씻고 찜솥에 15분 정도 쪄서 다진 후 찹쌀가루, 소금을 넣어 반죽한다.

3월 춘분

콩죽

 30분　 4인분　GMO-free　채식

재료　생콩가루 170g, 현미가루 150g, 물 1.5ℓ, 소금 1작은술, 냉이 100g

만드는 방법
❶ 냉이를 씻어 먹기 좋은 크기로 자른다.
❷ 생콩가루, 현미가루, 물을 넣고 거품기를 이용하여 잘 섞는다.
❸ 냄비에 ②를 넣고 끓인다. 큰 냄비를 이용하여 넘치거나 눌어붙지 않게 잘 저으며 농도를 맞춘다.
❹ 한소끔 끓으면 냉이를 넣고 잘 저어준 후 2분 뒤 불을 끈다.
❺ 뜨거운 김이 나간 뒤에 소금으로 간을 맞춘다.

살림이의 귀띔　뜨거울 때 소금을 넣으면 죽이 엉겨서 깨끗하지 못하다.

3월 춘분

약식밥

50분

6인분

GMO-free

채식

재료
찹쌀 2컵(불린 찹쌀 3컵), 물 1컵, 마스코바도 설탕 1/2컵, 간장 1큰술, 참기름 1큰술, 대추 10개, 깐밤 6개, 잣 1큰술, 계피가루 1/2 작은술

만드는 방법
❶ 찹쌀은 6~8시간 정도 충분하게 불린다. 밥솥에 미지근한 물 1컵을 붓고 설탕 1/2컵을 넣어 녹인다.
❷ ①에 진간장, 계피가루를 넣어 섞는다.
❸ 깐밤은 6등분, 대추는 돌려깎기 하여 씨를 제거한 후 4등분 한다.
❹ 밥솥에 불린 찹쌀, 깐밤, 참기름 1큰술을 넣어 섞는다.
❺ 전기압력밥솥에 4를 넣고 잡곡 '취사'를 누른다.
❻ 취사가 끝나면 뚜껑을 열고, 대추, 참기름을 넣어 고루 섞는다.
❼ 틀에 담아 식혀서 먹기 좋은 모양으로 썰어 그릇에 담아낸다.

살림이의 귀띔
대추씨를 모아 끓인 물로 밥물로 잡으면 좋다.
기호에 따라 건포도, 호두, 삶은 팥 등을 넣어도 된다.

멥쌀은 영양이 되는 전분 성분과 아밀로펙틴 외에 아밀로스 성분이 20% 정도 포함되어 있지만, 찹쌀은 거의 대부분 아밀로펙틴만으로 되어 있다. 이 아밀로펙틴이 떡의 끈적이는 성분이기 때문에 찹쌀은 찌면, 강하게 달라 붙는 성질이 있다. 그러나 영양학적으로는 멥쌀과의 차이가 거의 없다.

1월 소한 대한

2월 입춘 우수

3월 경칩 춘분

4월 청명 곡우

5월 입하

3월 춘분

미역초무침

 20분 4인분 GMO-free 채식

재료 미역 250g, 양파 1/2개, 무 60g, 홍고추 2개, 소금 1/2작은술
양념 마늘 1큰술, 식초 2큰술, 설탕 2큰술, 소금 약간, 통깨 약간

만드는 방법
❶ 무는 채를 썰어 소금 1/2 작은술을 넣어 절인 후 씻어 물기를 꼭 짠다.
❷ 미역은 끓는 물에 굵은소금을 조금 넣어 색이 변하면 바로 건져내는 정도로 살짝 데친다. 찬물로 헹군 후 체에 받쳐 물기를 뺀다.
❸ 양파는 얇게 채썰고 홍고추는 어슷하게 썰어 놓는다.
❹ 미역을 3cm 정도의 길이로 썬다.
❺ ❹에 ❶, ❸과 분량의 양념을 넣고 조물조물 무친 후 통깨를 뿌린다.

3월 춘분

오과차

 50분   6인분   GMO-free   채식

재료
모과차 150g, 대추 10개, 밤 10개, 은행 10개, 깐호두 70g, 꿀 50g, 잣 1큰술, 물 2ℓ, 잣 약간

만드는 방법
❶ 은행은 프라이팬에 볶거나 찜통에 쪄서 속껍질을 벗겨 놓는다.
❷ 밤은 겉 껍질만 벗기고 3~4등분한다.
❸ 호두는 뜨거운 물에 담가 떫은 맛을 제거한다.
❹ 주전자나 법랑 냄비에 준비한 재료와 물을 붓고 약한 불에서 푹 달인다.
❺ 체나 면보에 걸러 찻잔에 붓는다.
❻ 꿀은 취향에 맞게 넣어 당도를 맞추고 잣을 띄워 먹는다.

살림이의 귀띔
호두, 밤, 은행, 대추, 곶감, 생강을 짓이겨 두었다가 달여먹는 전통차이다. 피를 맑게 한다는 차로 궁중에서 왕의 격한 업무로 피로와 스트레스 해소에 도움이 되도록 마셨고 감기에 자주 걸리는 사람이 마시면 좋다.

4월 절기 밥상

4월 4~8일 驚蟄 **청명**

곡우 穀雨 4월 19~23일

청명은 한식 전날이거나 같은 날인 경우가 많다. 채소 씨앗을 파종하고 보리밭을 맨다. 청명에는 부지깽이를 꽂아도 싹이 난다는 속담이 있을 정도로 생명력이 왕성한 시기다. 곡우는 곡식을 윤택하게 하는 봄비가 오는 절기다. 벼를 파종하는 때라서 죄인도 잡아가지 않을 만큼 농사일이 바빴다. 녹차 채취 시기와도 밀접한 관련이 있는데 곡우 전에 채취한 작고 어린 새순으로 만든 우전, 곡우를 기점으로 7일 이내에 채취한 찻잎으로 만든 곡우, 곡우 이후에 채취한 세작으로 분류한다. 봄 조개가 제철이라 바지락을 가장 맛있게 먹을 수 있다.

절기속담

- 청명에는 부지깽이를 꽂아도 싹이 난다.
- 곡우에는 못자리를 해야 한다. 곡우 무렵에는 못자리를 해야 추수할 때 많은 수확을 기대할 수 있음
- 곡우 넘어야 조기가 운다. 조기는 철이 지나 우는 습성이 있는데, 실제 실인 곡우 무렵에 조기를 넣어야 알이 꽉 찬 당년 소식을 접할 수 있다.
- 곡우에 비가 오면 풍년 든다.
- 곡우에 가물면 땅이 석 자가 마른다.
- 곡우에 모든 곡물들이 잠에서 깨어난다.

청명 절기밥상

머위쌈밥	76
두릅숙회	78
잎마늘콩가루찜	79
진달래화전	80
애탕	82

곡우 절기밥상

갱죽	83
삼나물육개장	84
굴비구이	85
바람떡	86
오미자창면	87
쑥버무리	88

4월 청명

머위쌈밥

 30분   4인분   GMO-free   채식   토박이씨앗

재료
쌀 2컵, 머위잎 200g, 물 2컵
양념 된장 4큰술, 고추장 2큰술, 맛술 1큰술, 매실액 2큰술, 들기름 2큰술

만드는 방법
❶ 머위는 잎과 대를 분리해서 끓는 물에 소금을 넣고 데쳐 찬물에 헹궈 물기를 짠다.
❷ 쌀은 씻어 체에 받쳐 30분간 불린 후 밥을 짓는다.
❸ 데친 머위줄기는 송송 썰고, 잎은 잘 펴 놓는다.
❹ 밥에 송송 썬 머위줄기와 들기름을 넣고 살살 섞은 후 머위잎에 올려 돌돌 말아준다.
❺ 된장 소스는 밥 위에 올려 머위잎에 말거나 쌈밥 위에 원하는 만큼 올린다.

살림이의 귀띔
나들이 도시락으로 쌀 때는 된장소스를 밥속에 넣어 머위잎으로 싸준다.
쌉싸름한 쓴맛을 없애려면 데쳐서 물에 30분~1시간 정도 담갔다가 먹는다.

밭 두둑이나 산밑에서 잘 자라며 나물이나 장아찌로 먹는다. 소화, 식욕 촉진, 거담 등의 효과가 있어 약재로서도 사용되는데 체력이 약한 노인이나 회복기 환자에게 달여 물대신 수시로 마시게 하면 좋다.

4월 청명

두릅숙회 두릅초회

 20분   4인분   GMO-free   채식

재료
두릅 300g, 천일염 1작은술
양념 고추장 1큰술, 매실액 1작은술, 식초 1작은술, 통깨, 설탕 1작은술

만드는 방법
❶ 두릅은 밑동을 제거하고 비늘모양 부분은 벗겨낸다.
❷ 찬물에 두릅을 2~3회 씻는다.
❸ 끓는 물에 천일염을 넣고 두릅을 살짝 데쳐 찬물에 헹궈 체에 받친다.
❹ 고추장, 매실액, 식초를 넣고 통깨는 으깨서 초고추장 양념을 만든다.
❺ 접시에 두릅을 가지런히 담고 초고추장과 함께 낸다.

살림이의 귀띔
두릅은 두릅나무 어린순인 참두릅과 여러해살이 풀인 독활의 땅두릅도 있다.

4월 청명

잎마늘콩가루찜

 20분　 4인분　 GMO-free　 채식

재료	잎마늘 400g, 생콩가루 1컵, 간장 1큰술, 고춧가루 1큰술, 들기름, 통깨
만드는 방법	❶ 잎마늘은 다듬어 씻은 후 5cm 길이로 자른다. 두꺼운 줄기 부분은 반으로 가른다. ❷ 잎마늘 전체에 생콩가루가 골고루 묻히도록 줄기부분과 잎부분에 콩가루 옷을 입힌다. ❸ 김이 오른 찜기에 젖은 면보를 깔고 콩가루 입힌 잎마늘을 넣어 5분 정도 찐다. ❹ 찐 잎마늘은 너무 흐트러지지 않도록 하고 한 김 나가도록 식힌다. ❺ 볼에 간장, 들기름, 고춧가루, 통깨로 양념장을 만들고 잎마늘을 넣어 살살 버무린다.
살림이의 귀띔	잎마늘은 마늘 만큼이나 알리신 성분이 풍부해 가공식품에 첨가된 아질산나트륨 배출에 좋은 역할을 한다.

자연이 차려준 접기밥상

4월 청명

진달래화전

 50분　 6인분　 GMO-free　 채식

재료 진달래꽃잎 30g, 꿀물, 건식찹쌀가루 200g, 물 135g, 소금 2g, 식용유, 시럽 2큰술:물:올리고당 1:1

만드는 방법

1. 건식찹쌀가루에 뜨거운 물을 조금씩 넣어가며 익반죽한다.
2. 반죽한 것을 밀폐용기에 담아 30분간 안정화시킨다.
3. 진달래꽃은 꽃술을 떼고 한 장씩 키친타월에 올려 물기를 뺀다. 안정화가 끝난 반죽을 적당한 크기로 떼서 동그랗고 납작하게 빚는다. 반죽 일부에 진달래꽃잎을 섞는다.
4. 뜨겁지 않게 달군 프라이팬에 기름을 두르고 반죽을 올려 살짝 익힌 후 뒤집어 꽃을 붙인다.
5. 다시 한 번 살짝 뒤집어준 뒤 꺼낸다. 꽃을 익히는 것이 아니라 붙이는 정도로만 살짝 뒤집는다. 꽃잎이 들어간 반죽은 동글납작하게 빚어 꽃잎을 올리지 않고 기름에 지진다.
6. 물과 올리고당을 1:1 비율로 넣어 살짝 끓인 시럽을 화전에 바르고 접시에 담아낸다. 화전에 꿀을 발라 넣어도 된다.

살림이의 귀띔 건식쌀가루는 물주기 후 20분 정도 젖은 면보를 사용하여 안정화 시간을 주면 좀 더 부드러운 반죽을 얻을 수 있다.

음력 3월 3일 삼짇날 화전은 '두견놀이'라고 하여 부녀자들이 화전놀이를 하며 지져먹던 절기음식이다. 꽃으로 삼월 삼짇날 무렵에 화전花煎을 만들어 먹거나 또는 진달래술두견주을 담그기도 한다. 민간에서는 꽃잎을 꿀에 재어 먹는데 천식에 효과가 있다.

4월 청명

애탕

 40분 4인분 GMO-free 토박이씨앗

재료 소고기 180g ^{완자용 100g, 장국용 80g}, 쑥 100g, 밀가루 2큰술, 달걀 1개, 소금 약간, 간장 1큰술, 물 6컵
완자 간장 2작은술, 소금 1/2 작은술, 다진파 1 작은술, 다진마늘 1작은술, 참기름 1작은술, 후춧가루 약간
장국 간장 2작은술, 소금 1/2 작은술, 참기름 1작은술, 후춧가루 약간

만드는 방법
❶ 쑥은 연한 것으로 골라 끓는 물에 살짝 데쳐 헹궈 물기를 짜서 다진다.
❷ 완자용 소고기는 기름기가 적은 살코기를 곱게 다져서 다진 쑥과 합해 양념한 다음 끈기나게 잘 치대 1cm 크기 완자로 빚는다.
❸ 장국용 소고기는 납작하게 썰어서 양념하여 냄비에 살짝 볶다가 물을 붓고 끓여서 간장과 소금으로 간을 맞춘다.
❹ 완자에 밀가루를 고르게 묻혀 달걀물을 입힌 다음 끓는 장국에 넣어 완자가 익어 떠오를 때까지 끓인다.
❺ 남은 달걀물로 줄알을 치고 바로 담아낸다.

갱죽

4월 곡우

 40분　 4인분　 GMO-free

재료　밥 1공기, 콩나물 200g, 배추김치 200g, 실파 20g, 멸치 30g(15마리), 물 2.4ℓ(12컵), 국간장 1큰술, 참기름 1큰술, 소금 약간, 통깨

만드는 방법
① 냄비에 멸치를 넣고 볶다가 물을 넣고 끓여 멸치육수를 만든다.
② 김치는 1cm 길이로 송송 썰고 실파는 3cm 길이로 썬다. 콩나물은 씻어 놓는다.
③ 냄비에 밥, 김치, 콩나물을 올리고 참기름을 두른다. 준비된 멸치육수를 붓는다.
④ ③이 끓어 오르면 밑이 눌지않도록 주걱으로 저어가며 끓인다.
⑤ 콩나물이 익고 밥알이 퍼지면 실파를 넣고 간장으로 간을 맞춘다. 그릇에 담고 송송 썬 실파와 통깨를 고명으로 올려 낸다.

4월 곡우

삼나물^{눈개승마} 육개장

 40분   4인분   GMO-free   토박이씨앗

재료 소고기양지머리 300g, 무 200g, 삶은 눈개승마 300g, 삶은 토란줄기 200g, 느타리버섯 150g, 대파 300g, 물 8컵
양념장 간장 3큰술, 된장 1큰술, 다진마늘 1큰술, 고춧가루 1/2큰술, 후춧가루 약간, 참기름 1큰술

만드는 방법

❶ 냄비에 물 8컵을 붓고 끓인다. 물이 끓으면 소고기를 넣고 끓인다. 무도 큼직하게 썰어 넣는다.
❷ 파와 버섯은 끓는 물에 데친다. 소고기와 무가 익으면 건져내서 소고기는 결대로 찢고, 무는 도톰하게 썬다. 국물은 따로 둔다.
❸ 양념장에 삼나물^{눈개승마}, 토란, 버섯, 파에 양념을 넣어 무친다.
❹ 국물에 ③을 넣고 끓인다. 간이 부족할 경우 덧간은 소금으로 한다. 그릇에 담아낸다.

살림이의 귀띔 눈개승마와 삼나물은 같은 나물을 일컫는 말이다. 삼나물이란 이름은 잎이 산삼처럼 생겨서 불려진 말이고, 눈개승마는 삼잎을 닮은 식물인데 누워있는 개승마란 의미가 담긴 말이다.
소고기를 삶을 때 물을 좀 더 넉넉히 넣고 삶는 것이 좋다. 화력에 따라 졸아드는 물의 양이 다르므로 입맛에 따라 물을 가감하면 된다.

4월 곡우

굴비구이

 30분   4인분   GMO-free

재료 굴비 4마리, 현미유 2큰술, 식초 1 작은술

만드는 방법
❶ 굴비는 가위로 지느러미와 꼬리를 자른다.
❷ 굴비의 비늘을 칼로 긁어낸다.
❸ 굴비의 물기는 종이행주로 닦는다. 식초 1~2방울을 굴비 표면에 묻혀 살이 단단해지도록 한다.
❹ 프라이팬을 달군 후 현미유를 넣고 앞뒤로 굽는다.
❺ 노릇하게 구워진 굴비를 준비된 접시에 담아낸다.

살림이의 귀띔 곡우 무렵 흑산도 근처에서 겨울을 보낸 조기가 많이 잡힌다. 이때 잡힌 조기를 '곡우사리'라고 한다.

4월 곡우

바람떡

 50분   6인분   GMO-free   채식   토박이씨앗

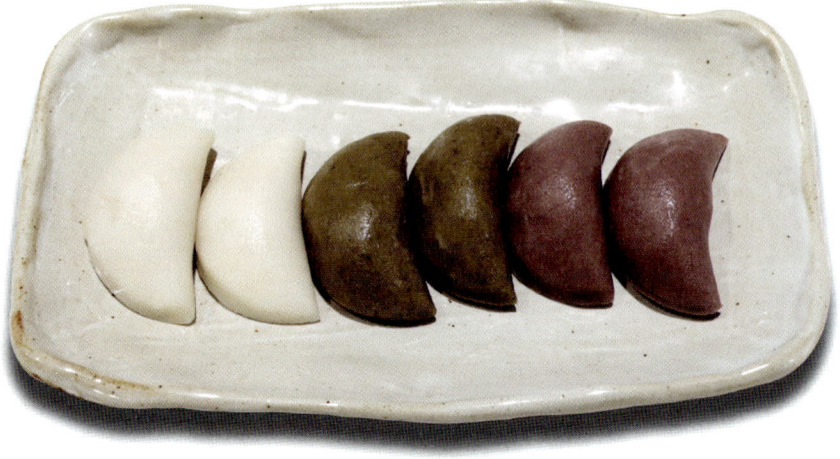

| 재료 | 건식멥쌀가루 300g, 쑥가루 3g, 아로니아가루 3g, 소금 2큰술, 따뜻한 물 260g
녹두소 거피녹두 200g, 소금 3g, 꿀 120g, 계피가루 2g, 참기름 약간 |
|---|---|
| 만드는 방법 | ❶ 멥쌀가루를 체에 내려 100g씩 3등분 한다.
❷ 3등분한 ①에 녹색 보라색이 나도록 쑥가루, 아로니아 가루를 넣어 섞고 흰색은 그대로 둔다. 3개의 가루에 소금을 섞어서 물주기를 한 후 20분간 안정화시킨다. 면보를 깐 찜통에 넣어 찐 후 절구에 넣고 꽈리가 일도록 쳐서 흰색, 녹색, 보라색 덩어리를 만든다.
❸ 거피녹두는 물에 불려 껍질을 벗겨 찜통에 쪄낸 후 뜨거울 때 소금을 넣고 주걱으로 으깨어 체에 내린다.
❹ ③에 소금, 꿀, 계피가루를 섞어 밤톨 크기로 녹두소를 만든다.
❺ 떡덩어리를 밀대로 밀고, 녹두소를 중앙에 하나씩 놓아 떡자락에 작은 보시기나 종지로 눌러 반달 모양으로 찍은 후, 참기름을 발라 접시에 담아낸다. |
| 살림이의 귀띔 | 바람이 빵빵하게 들어간다 하여 붙여진 이름인 '바람떡개피떡'을 만들 때 가능한 소를 많이 넣고 공기가 많이 들어가도록 만든다.
떡반죽이 너무 되면 끝이 잘 붙지 않고 벌어지므로 수분농도를 잘 맞추어야 한다. |

[4월 곡우]

오미자창면

30분

4인분

GMO-free

채식

토박이씨앗

재료

녹두전분물 녹두전분 50g, 물 150g
오미자국물 오미자 100g, 생수 700cc, 꿀 100g
고명 잣 1큰술

만드는 방법

❶ 건오미자는 깨끗이 씻어 생수에 부어 12시간 정도 우려 거름망에 거른다.
❷ 거른 오미자 물에 꿀을 타서 오미자 국물을 만든다.
❸ 녹두전분은 물에 풀고 냄비에 물을 넉넉히 넣고 끓으면 편편한 그릇에 녹두전분 물을 0.2~0.3㎝ 정도의 두께가 되도록 부어서 중탕으로 익힌다.
❹ 녹두전분이 익으면(말갛게 되면) 그릇을 끓는 물 속에 넣어서 더 익힌다.
❺ 다 익으면 건져 찬물에 식힌다. 식힌 면은 가늘게 채썰어 오미자 국물에 넣고 잣을 띄운다.

자연이 차려준 절기밥상

4월 곡우

쑥버무리

 50분　 6인분　 GMO-free　 채식　 토박이씨앗

재료　건식멥쌀가루 300g, 쑥 100g, 소금 3g, 설탕 45g, 물 약160g

만드는 방법
1. 쑥은 잘 다듬어 손질하고 물에 깨끗이 씻어 물기를 제거 한다.
2. 소금물을 만들어 멥쌀가루에 잘 섞은 후 체에 한 번 내려준다.
3. 체에 내린 쌀가루는 비닐봉지에 넣고 1시간 이상 안정화시킨다.
4. 안정화가 끝난 쌀가루를 체에 한 번 더 내린다. 쌀가루, 쑥, 설탕이 뭉치지 않게 섞어준다.
5. 찜솥에 김이 오르기 시작하면 물에 적셔 꽉 짠 베보자기를 깔고 준비한 재료를 넣는다.
6. 센불에서 20분 가량 찌고, 5분 정도 뜸들여 낸다.

살림이의 귀띔　건식쌀가루 경우, 안정화를 오래 시킬수록 쌀가루가 수분을 골고루 흡수해 버무리가 더 촉촉해진다.
쌀가루에 물을 섞을 때는 한꺼번에 넣지 말고, 조금씩 넣어가며 조절한다. 물 양은 가루를 뭉쳐 손바닥에서 2~3번 흔들었을 때 모양을 유지하면 된다.

버무리는 쌀가루에 콩이나 팥, 또는 쑥을 한데 버무려 찐 떡이다. 버무리떡은 켜를 짓지 않아 바쁜 시간에 빠르게 쪄낼 수 있는 떡이다.

5월 절기 밥상

5월 5일 또는 6일 立夏 **입하**

소만 小滿 5월 21일 또는 22일

입하 무렵에 쌀가루와 쑥을 한데 버무린 쑥버무리를 절기음식으로 먹었으며 양배추쌈, 취나물무침, 마늘종볶음도 먹었다. 소만은 만물이 자라서 세상을 가득 채운다는 뜻으로 옛날에는 쌀이 떨어져 '보릿고개' 라고 부르던 시절이었다. 낮에는 뜨거운 햇볕이지만 아침 저녁으로는 찬바람이 있어 일교차가 크다. 소만 추위에 소 대가리 터진다는 속담도 있다. 씀바귀 잎을 뜯어 나물로 먹고 봄에 심은 채소를 솎아 먹는다. 죽순도 제철이다.

절기속담

- 입하물에 써레 싣고 나온다. 모심기를 하는 입하 무렵에 모판을 고르기 위해 써레를 사용한다는 뜻
- 입하 바람에 씨나락 몰린다. 입하 무렵 바람이 불면 뿌려 놓은 볍씨가 한쪽으로 몰리게 되므로 이에 대비하라는 뜻
- 입하에 물 잡으면 보습에 개똥 발라 갈아도 안 된다.
- 소만 바람에 설늙은이 얼어 죽는다. 소만 무렵에는 바람이 몹시 사나움
- 소만 추위에 소 대가리 터진다. 소만 무렵 날씨가 제법 쌀쌀하다

입하 절기밥상

두릅밥	92
시금치된장국	93
수리취떡	94
송화밀수	96
취나물무침	97

소만 절기밥상

죽순겨자채	98
쪽파전	99
열무김치비빔국수	100
딸기과편	102
봉수탕	103

5월 입하

두릅밥

 30분　 4인분　 GMO-free　 채식

재료	쌀 2컵, 두릅 200g, 표고버섯 3개, 참기름 1큰술, 물 2컵 **양념** 간장 1큰술, 물 1큰술, 참기름 1작은술, 고춧가루 1작은술, 통깨 1큰술
만드는 방법	❶ 두릅은 밑둥을 제거하고 비늘모양 부분은 벗겨내고 씻는다. ❷ 마른 표고버섯은 미지근한 물에 담궈 불린 후 밑둥을 제거하고 썰어준다. ❸ 쌀은 씻어 체에 받쳐 30분간 불려 솥에 안친다. ❹ ③에 표고버섯을 넣어 끓이다가 뜸을 들일 때쯤 두릅을 넣어 완성한다. ❺ 준비된 양념장을 만들고 통깨는 고소함을 더하기 위해 갈아서 섞어준다. 두릅밥과 함께 낸다.
살림이의 귀띔	두릅을 데쳐 올리는 경우 두릅 데친 물을 밥물로 잡는다.

5월 입하

시금치된장국

20분

4인분

GMO-free

재료

시금치 1단, 굵은소금 1작은술, 된장 3큰술, 간장 1/2큰술, 다진마늘 1/2큰술, 대파 반개, 홍고추 1개

육수 국물용 멸치 1줌, 5×5cm 다시마 3장, 쌀뜨물 10컵

만드는 방법

❶ 시금치는 뿌리부분 쪽에 칼집을 넣고 씻어서 끓는 물에 소금을 넣고 데친다.
❷ 솥에 육수 재료를 넣고 볶다가 쌀뜨물을 넣어 끓인다. 육수 건더기는 건져낸다.
❸ ②에 된장을 풀고 ①을 넣는다.
❹ 된장으로 모자란 간은 간장으로 맞추고 다진마늘을 넣는다.
❺ 대파와 고추는 고명으로 어슷썰기 하고 그릇에 담아낸다.

살림이의 귀띔

5월에 먹는 시금치는 겨울을 나거나 이른 봄에 씨를 뿌린 것이 자란 것이다.

5월 입하

수리취떡

 50분
 6인분
 GMO-free
 채식
 토박이씨앗

재료

건식멥쌀가루 300g, 쑥 100g, 따뜻한 물 200g, 소금 3g, 참기름, 떡살

만드는 방법

❶ 쑥은 끓는 물에 소금을 넣고 데쳐 찬물에 헹군다. 물기가 남도록 살짝 짜 놓는다.
❷ ①을 믹서에 넣고 거칠게 간다. 쌀가루는 체에 내려 믹서에 간 쑥을 넣고 따뜻한 물로 반죽한다.
❸ 김 오른 찜기에 ②를 넣고 중불에서 20분 정도 찐다.
❹ ③을 볼에 넣고 찰지게 치대서 떡덩어리를 만든다.
❺ 떡덩어리 30g씩을 둥글 납작하게 빚어 떡살로 문양을 찍는다.
❻ 떡살로 문양을 낸 떡에 참기름을 발라서 접시에 담아낸다.

살림이의 귀띔

수리취떡은 수레바퀴 모양으로 찍어낸 절편으로 봄나물인 쑥, 취나물로 만든 떡으로 '차륜병'이라고도 한다.

한국의 고대인들에게 쑥은 약용 또는 종교적 가치가 있다고 믿어온 음식 중 하나였다. 이른 봄에 나오는 어린순으로 국을 끓여 먹어 봄을 느끼기도 하며, 쑥을 덖어 차로 마시기도 하고 쑥떡을 만들어 먹기도 한다.

5월 입하

송화밀수 松花蜜水

 20분　 4인분　 GMO-free　 채식

재료	송화가루 4g, 물 200㎖, 꿀 20g, 잣 1/2작은술
만드는 방법	❶ 깨끗한 송화가루를 준비한다. ❷ 물은 끓여 식힌다. ❸ 미지근하게 식힌 물에 꿀을 타서 꿀물을 만든다. ❹ 꿀물에 송홧가루를 넣고 잘 섞는다. ❺ ④에 잣을 띄워 낸다.
살림이의 귀띔	송화가루는 먹기 전에 넣어 저어 마신다. 미리 물에 타 놓으면 가라앉는다. 꽃가루 알러지가 있는 사람은 먹지 않는 것이 좋다.

5월 입하

취나물무침

 20분　 4인분　 GMO-free　 채식

재료	생취나물 1봉지, 다진마늘 1작은술, 된장 1큰술, 간장 1작은술, 들기름 1작은술, 볶은참깨 약간
만드는 방법	❶ 취나물은 씻어 끓는 물에 소금을 넣고 데친다. ❷ 데친 취나물은 재빨리 찬물에 헹궈 물기를 꽉 짜서 먹기 좋은 크기로 자른다. ❸ 무침 그릇에 된장, 간장, 다진마늘, 들기름, 통깨를 으깨서 넣고 섞는다. ❹ ③에 ②를 넣어 양념이 잘 배도록 무친다. ❺ 그릇에 담고 통깨를 고명으로 올린다.
살림이의 귀띔	봄철 나물은 대부분 살짝 데쳐 간장, 된장, 고추장으로 무치는데 독성이 있는 것들은 물에 2~3 시간 담갔다가 먹는 것이 좋다.

5월 소만

죽순겨자채

 50분　 6인분　 GMO-free　 토박이씨앗

재료　죽순 100g, 양배추 50g, 당근 1/3개, 오이 1/2개, 배 1/3개, 밤 4개, 새우살 200g, 목이버섯 50g, 달걀 1개

　　　겨자소스 겨자 2큰술^{튜브형}, 물 1큰술, 식초 2큰술, 설탕 1/2큰술, 소금 1작은술, 유자청 2큰술

만드는 방법

❶ 양배추, 당근, 오이, 목이버섯, 죽순은 1×4cm 크기로 썬다. 죽순은 결이 보이게 썬다.
❷ 밤과 배는 1×4cm 크기로 썬다. 끓는 물에 목이버섯, 죽순, 새우살을 데쳐 식힌다.
❸ 달걀은 황백 지단을 부쳐 1×4cm 크기로 썬다.
❹ 겨자에 식초와 설탕, 소금, 물, 유자청을 섞어 소스를 만든다.
❺ 볼에 재료를 모두 섞고 겨자소스를 넣어 무친 뒤 접시에 담아낸다.

살림이의 귀띔　죽순은 5월에 채취하여 살짝 데쳐 고추장이나 된장에 찍어 먹던 별미음식이다.

5월 소만

쪽파전

30분

4인분

GMO-free

재료
쪽파 100g, 부침가루 100g ^{1컵}, 물 140g $^{2/3컵}$, 새우살 100g, 청고추 1개, 홍고추 1개, 참기름 1작은술, 소금 두 꼬집, 달걀 1개, 현미유
양념 간장 1큰술, 물 1큰술, 식초 1큰술, 청홍고추 다진 것 1작은술

만드는 방법
❶ 쪽파는 다듬어 씻고, 새우살은 깨끗하게 씻는다. 고추는 어슷썰고, 달걀은 소금 한 꼬집을 넣어 잘 풀어둔다.
❷ 부침가루에 물, 참기름, 소금 한 꼬집을 넣고 잘 섞는다.
❸ ②에 쪽파와 썬 고추를 넣어 섞는다.
❹ 프라이팬에 기름을 두르고 쪽파를 가지런히 올려 얇게 펴 부친다. 밑면이 익는 것을 보면서 새우살을 고루 올리고 달걀 푼 물을 넓게 바르고 익히다가 뒤집어서 노릇하게 익힌다.
❺ 양면이 노릇하게 구워지면 그릇에 담아 양념장과 함께 낸다.

살림이의 귀띔
쪽파는 5월이 지나면 알이 굵게 두었다가 6~7월에 캐서 가을 농사 씨앗으로 사용한다.

자연이 차려준 절기밥상

5월 소만

열무김치비빔국수

 20분　 4인분　 GMO-free　 채식

재료

열무김치 200g, 현미국수 200g, 달걀 2개, 통깨, 들기름
양념 고추장 1큰술, 올리고당 1큰술, 다진마늘 1작은술, 간장 1작은술, 참기름 1큰술

만드는 방법

❶ 열무김치는 올려먹을 만큼 꺼내서 참기름 1큰술, 설탕 1큰술, 깨소금을 넣어 잘 버무려준다.
❷ 끓는 물에 현미국수를 넣고 찬물을 부어가며 탄력있게 삶는다. 달걀도 삶아 놓는다. 채식인 경우에는 달걀삶기는 건너뛴다.
❸ 국수가 익으면 찬물에 바락바락 씻어 체에 건져 물기를 뺀다.
❹ 물기를 뺀 국수에 들기름을 넣어 버무리고 열무김치를 놓는다. 분량의 양념장은 기호에 따라 양을 조절하여 넣는다.
❺ 깨소금을 넣어 완성한다.

열무는 어린 무의 줄기를 말하며 여린 무에서 유래했다. 보통 솎아낸 것으로 열무김치를 만들어 먹었으나 현재 판매되는 것은 무청 부분만 성장할 수 있도록 개량된 것이다.

5월 소만

딸기과편

 50분 6인분 GMO-free 채식

재료 딸기 500g, 녹말물 800g ^{녹두전분 1/2컵 + 물 1/2컵}, 설탕 1컵, 소금 1/4작은술

만드는 방법
❶ 딸기는 씻어 물을 붓고 중불에서 30분 정도 삶아 고운체에 거른다.
❷ ①에 설탕과 소금을 넣고 5분 정도 졸이다가 녹말물을 붓고 저으면서 약불에 20분 정도 은근하게 끓인다.
❸ 젤리 상태가 되면 불을 낮추어 3분 정도 뜸을 들인다.
❹ 사각형 그릇에 부어 한 김 나가면 냉장고에서 굳힌다.
❺ 모양을 잡아 먹기 좋은 크기로 썰어 접시에 담고 위에 편썬 딸기를 올려낸다.

살림이의 귀띔 끓이는 중에 거품을 걷어내고 뜸을 잘 들여야 끈기가 있고 윤기가 난다.
녹말전분 대신 감자전분이나 한천을 이용해도 된다.

5월 소만

봉수탕

 30분   4인분   GMO-free   채식

재료	잣 50g, 호두 100g, 꿀 2스푼, 물 6컵
만드는 방법	❶ 잣은 고깔을 떼어 준비한다. ❷ 호두는 뜨거운 물에 불려 속껍질을 벗긴다. 속껍질이 잘 벗겨지지 않을 때는 이쑤시개를 이용한다. ❸ 잣과 호두는 한지를 깔고 칼날로 곱게 다진다. ❹ ③에 꿀을 섞어 단지에 재운다. ❺ 끓는 물 1컵에 ④를 2큰술 정도 넣어 마신다.
살림이의 귀띔	봉수탕은 전통 궁중음료로 『산림경제』에 따르면 '독이 없고, 먹으면 머리털이 검어지고 건강에 도움이 된다'고 기록되어 있다.

6월 절기 밥상

6월 5일 또는 6일 芒種 **망종**

하지 夏至 6월 21일 또는 22일

망종은 까끄라기 수염이 달린 보리, 밀을 베고 벼를 심는 시기다. 보리는 익어서 먹게 되고 볏모는 자라서 심게 되는 시기가 망종이다. 불 때던 부지깽이도 거든다, 별 보고 나가 별 보고 들어온다, 발등에 오줌싼다 등의 속담은 가장 바쁜 절기임을 알려 준다. 마늘과 부추가 한 창 맛있고 풋보리를 구워 먹기도 하고 보리밥, 보리죽, 보리개떡을 먹었다. 하지는 일 년 중 낮이 가장 길다. 장마와 더불어 가뭄도 대비해야 해서 바쁘다. 하지 감자를 거두고 모내기가 끝난 논의 벼가 하루가 다르게 자란다.

절기속담

- 바쁠 때면 부지깽이도 한몫한다.
- 보리는 망종 전에 베라.
- 보리 환갑은 망종이다.
- 보리는 익어서 먹게 되고 볏모는 자라서 심게 되니 망종이요.
- 망종엔 발등에 오줌 싼다. 모내기와 보리 수확을 하는 망종엔 화장실 갈 여유가 없을 정도로 바쁘다
- 하지 지나 열흘이면 구름장마다 비다. 하지가 지나면 장마철이기 때문에 비가 자주 내린다
- 하지가 지나면 오전에 심은 모와 오후에 심은 모가 다르다. 모내기 적기인 하지가 지나면 모내기 시기를 놓치게 된다

망종 절기밥상		하지 절기밥상	
감자밥	106	감자옹심이	112
아욱국	107	마늘종무침	113
보리개떡	108	연계찜	114
매실차	110	옥수수팥범벅	116
보리열무김치	111	다식	117

6월 망종

감자밥

 30분   4인분   GMO-free   채식

재료 쌀 2컵, 감자 4개, 물 2.2컵

만드는 방법
❶ 쌀은 씻어 체에 받쳐 30분간 불린다.
❷ 감자는 껍질을 깎아 3등분 한다. 크기에 따라 먹기 좋은 크기로 썬다.
❸ 솥에 ①과 ②를 넣고 밥물을 넣어 밥을 짓는다.
❹ 밥이 되면 뚜껑을 열어 감자를 으깨면서 밥을 푼다..
❺ 그릇에 밥과 감자를 보기 좋게 담아낸다.

살림이의 귀띔 껍질을 벗긴 감자는 물에 담가 갈변현상을 막는다.

6월 망종

아욱국

 30분　 4인분　 GMO-free

재료
아욱 300g, 보리새우 1/3컵, 대파 1/2개, 쌀뜨물 1.2ℓ, 된장 2큰술, 국간장 1큰술, 다진마늘 1/2큰술, 소금 약간
육수 맛국물팩 1개

만드는 방법
❶ 쌀뜨물에 맛국물팩을 넣어 20분 정도 불린 후 끓인다.
❷ 아욱은 억센 줄기를 손질하고 바락바락 문질러서 풋내를 제거한다.
❸ 맑은 물이 나오게 아욱을 헹군 후에 적당한 길이로 썬다.
❹ ①에 된장을 풀고 아욱, 보리새우를 넣어 끓인다.
❺ ④에 간장, 다진마늘, 대파를 넣고 한소끔 더 끓여 그릇에 담아낸다.

살림이의 귀띔
칼칼한 국물 맛을 내기위해 고추다짐을 넣기도 한다.

6월 망종

보리개떡

50분   6인분   GMO-free   채식   토박이씨앗

재료
보리쌀 300g, 진간장 1큰술, 홍고추 1개, 풋고추 1개, 물 200g, 소금 1 작은술, 참기름 2큰술, 파 1개

만드는 방법
1. 보리쌀을 2~3번 씻어 물기를 제거한 후 분쇄기에 갈아 고운 체에 걸러 준다.
2. ①에 진간장, 파, 홍고추, 풋고추를 잘게 다져 넣고 소금, 참기름 1큰술, 따뜻한 물을 넣어 반죽하여 오래 치댄다.
3. 반죽을 두께 0.8cm, 직경 8cm로 둥글게 반대기를 짓는다.
4. 찜통에 젖은 면보를 깔고 반대기 지은 떡을 얹은 다음 김이 오르면 15~20분 정도 쪄낸다.
5. 한 김 나가면 참기름을 발라낸다.

살림이의 귀띔
보리쌀 대신 보리가루를 이용해도 좋다.

개떡은 대표적인 구황음식으로 구할 수 있는 곡물가루를 최대한 양을 늘리기 위해 나물과 반죽해 찐 음식이다. 보릿고개가 있던 시절 떡이라고 하기에는 약간 부족해서 개라는 접두어를 붙여 가짜 떡이라는 뜻으로 '개떡'이라고 불렀다.

6월 망종

매실차 제호탕

 50분   6인분   GMO-free   채식

재료 씨를 뺀 매실 100g, 꿀 300, 잣 1큰술

만드는 방법
1. 씨앗을 뺀 매실을 저며 프라이팬이나 오븐에 굽는다.
2. 구워진 매실이 말랑해지면 믹서에 곱게 간다.
3. ②에 꿀을 넣고 걸쭉해질 때까지 저온에서 끓인다.
4. 매실고처럼 걸쭉해지면 그릇에 담아 보관한다.
5. 물에 ④를 넣고 잣을 띄워 먹는다. 꿀이나 설탕의 양은 기호에 따라 양을 가감하여 넣는다.

살림이의 귀띔 배탈나기 쉬운 여름철에 매실을 먹어 속을 보호했던 지혜를 받아 다양하게 먹을 수 있는 매실 먹는 방법 중 제호탕을 쉽게 재현한 매실차이다.

6월 망종

보리열무김치

 50분　 6인분　 GMO-free　 토박이씨앗

재료
열무 2kg, 10% 소금물 4ℓ 물3.6ℓ, 소금400g, 보리 1컵, 물 3컵
김치양념 고춧가루 1컵, 보리밥, 새우젓 1/2컵, 멸치액젓 1/2컵, 실파 100g, 다진마늘 2큰술, 생강즙 1작은술, 양파즙 1/2컵, 청홍고추 각 2개

만드는 방법
❶ 열무는 다듬어서 먹기 좋은 크기로 잘라 10% 소금물을 부어 1~2시간 절인다.
❷ 보리 1컵을 씻어 3컵의 물을 붓고 푹 퍼지게 밥을 해서 식힌다.
❸ 실파는 다듬어 씻어 4~5㎝ 길이로 썰고 청홍고추는 곱게 어슷썰기를 한다.
❹ 절인 열무는 흐르는 물에 멍이 들지 않도록 물을 받아 아기 다루듯 살살 흔들어 씻어 건져 물기를 뺀다.
❺ 넓은 그릇에 보리밥을 넣고 양념 재료를 잘 섞어 김치양념을 만들어 넓게 편다.
❻ ⑤에 ④를 넣고 양념을 바르듯 살살 버무려 용기에 담는다. 김치를 버무린 그릇에 물과 고추를 조금 넣고 소금으로 간을 맞춘 다음 열무김치 위에 자박하게 붓는다.

살림이의 귀띔
하루 이틀 상온에서 숙성시켜 냉장보관하며 먹는다.

6월 하지

감자옹심이

 50분   6인분   GMO-free   토박이씨앗

재료	감자 8개, 전분 6큰술, 소금 1/2큰술, 설탕 1/2큰술, 호박 1/2개, 대파 1개, 표고버섯 4개, 마늘 1큰술, 들깨가루 4큰술
	육수 맛국물육수팩 1개, 국간장 2큰술, 물 6컵

만드는 방법

❶ 물 6컵에 육수팩 1개를 넣고 끓여 감자옹심이 육수를 만든다. 국간장 2큰술을 넣어 간한다.

❷ 감자는 겁질을 까서 강판에 간다. 믹서기에 갈아도 된다. 간 감자는 베보자기에 넣어 물기를 빼준다. 물은 그대로 두어 전분이 가라않도록 한 후에 윗물은 버린다.

❸ ②의 전분에 베보자기로 물기를 뺀 감자를 넣고 섞는다.

❹ 호박, 대파는 씻어서 채썰어 놓는다. 표고버섯은 밑둥을 떼고 편썰어 놓는다.

❺ 육수가 끓어오르면 옹심이를 넣고 둥둥 떠오르면 ④를 넣고 한소끔 더 끓인다.

살림이의 귀띔 들깨가루 대신 통들깨를 갈아 면보에 걸러 넣어도 맛이 좋다.

6월 하지

마늘종무침

 30분　 4인분　 GMO-free　 채식

재료　마늘종 200g, 굵은소금 1/2 작은술
　　　양념 고춧가루 2큰술, 고추장 2큰술, 간장 1큰술, 올리고당 2큰술, 참기름 1큰술, 통깨 약간

만드는 방법
❶ 마늘종은 깨끗하게 씻어 4㎝ 길이로 자른다.
❷ 끓는 물에 굵은소금을 넣고 ①을 넣어 데친다.
❸ 데친 마늘종은 찬물에 충분히 헹궈 열기를 빼고 체에 받쳐 물기를 뺀다.
❹ 볼에 준비된 양념을 넣어 섞고 마늘종을 넣어 무친다.
❺ 접시에 담아 통깨를 뿌려 낸다.

살림이의 귀띔　6월에 순치기가 가능한 고추순이나 깻잎순을 나물로 무쳐도 좋다.

자연이 차려준 절기밥상

114

6월 하지

연계찜

 50분   6인분   GMO-free

재료

삼계닭 1마리, 파 2뿌리, 생강 2쪽, 마른표고버섯 15g, 생목이버섯 15g, 달걀 2개, 검은깨

닭양념 소금 10g, 다진파 2큰술, 다진마늘 1큰술, 참기름 1큰술, 깨소금 1큰술, 후춧가루 약간

국물양념 소금 1큰술, 후춧가루 1작은술

녹말물 녹말 3큰술, 물 3큰술

만드는 방법

❶ 닭은 물에 담가 30분 정도 핏물을 뺀 후 깨끗하게 씻어 닭이 충분하게 잠길 정도의 물을 부어 파, 생강을 넣고 푹 삶는다.

❷ 닭이 삶아지면 뼈와 살을 분리하여 살은 굵직하게 뜯어 두고, 국물은 식혀서 기름을 걷고 고운체에 받쳐 국물을 거른다.

❸ 표고버섯은 불려 기둥을 떼고 굵게 편썰기 한다. 목이버섯도 굵게 썬다.

❹ 국물에 소금과 후추를 넣고 표고버섯과 목이버섯을 넣고 끓이다가 녹말물을 조금씩 넣어 걸쭉해 지면 달걀을 풀어 줄알을 친다.

❺ 발라 놓은 닭살을 양념하여 그릇에 담고 따끈한 국물을 붓고 달걀 줄알을 친 것을 얹어 고명으로 한다.

연계찜은 수랏상에 오르던 음식으로 장계향이 지은 『음식디미방』에 만드는 방법이 있는 복달임 음식이다.

6월 하지

옥수수팥범벅

 30분 4인분 GMO-free 채식 토박이씨앗

재료 삶은 옥수수 3개, 불린 팥 1/2컵, 건식멥쌀가루 3큰술+물 50㎖, 설탕 100g, 소금 2/3 작은술, 물 2ℓ

만드는 방법

❶ 삶은 찰옥수수 3개를 알알이 뜯어낸다.
❷ 마른 팥은 씻어 물에 담가 불린다 ^{옥수수알 뜯는 동안 물에 담근다}.
❸ 불린 물은 버리고 냄비에 뜯어낸 옥수수와 물기 뺀 팥을 넣는다. 물 2ℓ를 넣고 중간불로 삶는다^{팥을 눌러봤을 때 잘 뭉개지면 익은 것임}. 물이 부족하면 따뜻한 물을 조금씩 보충한다.
❹ 냄비 뚜껑을 열고 설탕과 소금을 넣은 다음 5분 끓인 후 불을 끈다^{물이 약간 남아 있는 상태}.
❺ 물 50㎖에 멥쌀가루 3큰술을 풀어서 넣고 다시 5분 정도 끓인다.
❻ 그릇에 담아낸다.

다식

6월 하지

 30분
 4인분
 GMO-free
 채식
토박이씨앗

재료	녹차귀리 반죽 가루녹차 3g, 볶은귀리 100g, 꿀 60g, 참기름 약간 미숫가루 반죽 미숫가루 100g, 꿀 60g, 참기름 약간 아로니아콩가루 반죽 아로니아가루 3g, 볶은 콩가루 100g, 꿀 3큰술, 참기름 약간
만드는 방법	❶ 볼 세 개에 녹차·귀리, 미숫가루, 아로니아·콩가루를 각각 넣는다. ❷ 각 볼에 꿀을 넣고 반죽한다. 대추 반 만한 크기로 찰지게 반죽한다. ❸ 다식판에 참기름을 바르고 ②를 틀 속에 넣는다. ❹ 틀 밖으로 반죽이 나오지 않게 손으로 꼭꼭 눌러 찍어낸다. ❺ 세 가지 색깔 다식을 접시에 담아낸다.
살림이의 귀띔	다식 재료 보관 상태에 따라 농도를 조절한다. 반죽이 질면 모양이 안 나오고, 되직하면 부서져서 반죽할 때 꿀의 양을 조절한다. 꿀 대신 조청을 넣어도 된다.

7월 절기 밥상

7월 7일 또는 8일 小暑 **소서**

대서 大暑 7월 22일 또는 23일

본격적인 더위와 비가 많이 내리는 장마철이다. 풀을 매고 간 자리에 다시 풀이 자랄 정도로 잡초가 무섭게 자란다. 자두, 애호박의 단맛이 오르고 초여름에 수확한 햇밀가루로 만든 음식이 맛있다. 감자와 애호박을 넣은 칼국수와 수제비, 부침개 등을 많이 먹었다. 대서는 가장 더운 때로 초복과 중복 사이에 든다. 날씨가 더워 피서와 휴가를 가장 많이 가는 시기다. 더위를 이기고자 수박, 참외, 복숭아 등 과일을 많이 먹는다. 과일화채, 오이를 이용한 냉국과 옥수수를 먹었다. 더위로 떨어진 기력을 보충하기 위해 추어탕, 삼계탕, 임자수탕 등을 먹었다.

절기속담

- 소서 때는 지나가는 사람도 달려든다. 김매기 시기에는 모든 일손을 동원해서 모내기를 마쳐야 한다는 뜻
- 소서에는 새각시도 논 풀뽑기해라.
- 대서에 염소 뿔 녹는다. 염소 뿔이 녹을 만큼 매우 더운 날씨
- 삼복더위에 소뿔도 꼬부라든다.

소서 절기밥상		대서 절기밥상	
잣콩국수	120	삼계탕	126
감자전	122	찰밥	127
양파장아찌	123	오이만두	128
보리수단	124	증편	130
오이소박이	125	참외화채	131

7월 소서
잣콩국수

30분

4인분

GMO-free

토박이씨앗

재료 잣 60g, 콩국물 2봉지, 국수 200g, 오이 1/2개, 계란 1개, 소금 약간, 물 100g

만드는 방법
❶ 오이는 굵은소금으로 문질러 씻어 5cm 길이로 곱게 채썬다.
❷ 계란은 삶아 놓는다. 채식인 경우에는 이 단계를 건너뛴다.
❸ 믹서에 콩국물과 잣을 함께 넣고 물을 부어 곱게 간다.
❹ 끓는 물에 국수를 넣어 삶는다. 물이 끓어오르면 찬물을 넣고 한 번 더 끓어오르면 다시 찬물을 붓는다. 국수를 한 두가닥 건져 찬물에 넣었을 때 투명하면 모두 건져 찬물에 헹궈 사리를 짓는다.
❺ 그릇에 국수를 담고 ③을 붓는다. 채썬 오이와 계란을 얹는다.

살림이의 귀띔 기호에 따라 콩국물과 호두 등 다른 견과류를 넣어 갈아도 된다.

된장·간장·두부·콩나물 등의 원료로도 이용되는 콩에는 30~50%의 단백질과 13~25%의 지방이 들어 있어, 한국인의 식생활에서 가장 중요한 단백질원이다. 어린 풋콩은 삶아서 먹고, 완숙한 콩은 콩밥·콩자반·콩엿 등을 만들어 먹는다. 또, 두부·비지·된장·간장·콩나물·콩기름·두유 등으로 가공하여 먹기도 한다.

 7월 소서

감자전

 30분　 4인분　 GMO-free　 채식

재료　감자 6개, 청홍고추 각 1개, 소금 1작은술, 양파 1/2개

만드는 방법
❶ 감자는 껍질을 까서 4개는 강판에 갈고 2개는 채썬다.
❷ 양파는 채썰고 청양고추는 잘게 썰어 넣고 소금을 넣어 반죽한다.
❸ 중불로 달군 프라이팬에 기름을 두르고 동그란 모양으로 감자전을 부친다.
❹ 한쪽 면이 바삭하게 구워지면 뒤집어 굽다가 약불로 줄인다.
❺ 앞뒤로 노릇하게 구워지면 접시에 담아낸다.

살림이의 귀띔　겉은 바삭하고 속은 촉촉하게 만드는 방법은 전을 구울 때 한쪽 면이 바삭하게 구워질 때까지 중약불로 하고 뒤집어 중불에서 약불로 불조절 하며 구워야 한다.

7월 소서

양파장아찌

 30분　 4인분　 GMO-free　 채식

재료	양파 5개, 청양고추 2개 **장아찌절임물** 청양고추 3개, 간장 1컵, 식초 2/3컵, 설탕 1/2컵, 생강편 20g, 물 1컵
만드는 방법	❶ 양파는 껍질을 까서 씻어 놓는다. ❷ 물기를 제거한 양파와 고추를 한입 크기로 썬다. ❸ 분량의 재료를 넣어 끓인다. 절임물이 끓으면 불을 끄고 식초는 나중에 넣는다. ❹ 끓는 물에 용기를 소독한다. ❺ 소독한 용기에 양파와 고추를 넣고 절임물을 부어 양파가 떠오르지 않게 누름돌을 올린다.
살림이의 귀띔	붉은고추를 넣어도 좋다. 오래 두고 먹는 장아찌는 양파를 통째로 담고 절임물을 2~3차례 2~3일 간격으로 끓여 식혀 붓는다.

1월 소한 대한
2월 입춘 우수
3월 경칩 춘분
4월 청명 곡우
5월 입하 소만
6월 망종 하지
7월 소서 대서
8월 입추 처서
9월 백로 추분
10월 한로 상강
11월 입동 소설
12월 대설 동지

7월 소서

보리수단

 50분　 6인분　 GMO-free　 채식　 토박이씨앗

재료　찰보리 30g, 감자전분 4큰술, 꿀 4큰술, 오미자 우린 물 4컵^{건오미자 1컵:물 6-7컵}, 설탕시럽 6큰술, 잣 1큰술

만드는 방법
❶ 건오미자는 씻어 물에 8시간 이상 담가 오미자 우린 물을 만든다.
❷ ①에 설탕시럽과 꿀을 섞어 오미자 국물을 만들고 냉장고에 넣어 차갑게 만든다.
❸ 찰보리는 박박 문질러 여러번 닦아 깨끗이 씻어 물에 푹 삶는다. 삶은 찰보리는 찬물에 헹구어 건져 물기를 뺀다.
❹ 삶은 찰보리 한알 한알에 전분이 골고루 묻을 수 있도록 전분가루에 굴려준 후 체에 넣어 가루를 털어낸다. 옷 입힌 찰보리를 끓는 물에 삶은 후 찬물에 헹군다.
❺ ④번 과정을 3회 반복하여 찰보리를 크고 투명하게 만든다.
❻ 준비된 그릇에 찰보리알과 오미자국물을 붓고 잣을 띄워 낸다.

살림이의 귀띔　오미자 국물을 만들지 못했을 때 오미자 발효액을 물과 희석하여 사용해도 된다.

7월 소서

오이소박이

50분 | 6인분 | GMO-free | 토박이씨앗

재료 오이 5개, 부추 100g, 천일염 40g, 찹쌀풀 100g _{물 90g, 건식찹쌀가루 10g}
양념 액젓 5큰술, 마늘 2큰술, 고춧가루 1/2컵, 소금 1큰술, 매실액 3큰술, 생강즙 약간

만드는 방법
❶ 오이는 소금으로 겉을 문질러 씻는다.
❷ 찹쌀가루와 물을 넣어 풀을 쑨다.
❸ 오이는 가운데만 길게 열십자로 칼집을 넣고 소금에 30분 절인 후 씻어 놓는다.
❹ 부추는 뿌리 쪽을 비벼 씻어 물기를 털고 1cm 길이로 썬다. 양념은 분량대로 넣어 잘 섞는다.
❺ 절여진 오이는 물기를 털고 칼집을 낸 속에 ❹를 넣고 속이 삐져나오지 않도록 마무리 한다.

살림이의 귀띔 오이소박이는 통으로 절여 양념을 해도 되고 토막을 내어 속을 넣는 방법, 썰어서 부추 양념과 섞는 방법 등 다양하다.

7월 대서

삼계탕

50분

6인분

GMO-free

| 재료 | 삼계닭 1마리, 삼계탕 재료모음, 쪽파 2뿌리, 소금, 후추, 물 3ℓ |

만드는 방법

❶ 닭은 깨끗이 씻어 한 번 데치고 그 물은 버린다.
❷ 삼계탕 재료모음을 물 3ℓ에 넣고 20분 동안 끓인다.
❸ 큰 냄비에 ②와 데친 닭을 넣고 30분간 푹 끓인다.
❹ 쪽파는 깨끗하게 씻어 송송 썬다.
❺ 그릇에 국물과 닭고기를 올리고 송송 썬 쪽파를 고명으로 올린다.

살림이의 귀띔

삼계탕과 함께 먹을 찰밥을 따로 하여 곁들이거나 닭 뱃속에 찹쌀을 넣어 삶거나 육수에 누룽지를 넣어 끓여 먹는다.

7월 대서

찰밥

50분 | 6인분 | GMO-free | 채식

재료	찹쌀 2컵, 물 1.8컵, 소금 1/2 작은술
만드는 방법	❶ 찹쌀은 씻어 체에 받쳐 20분 정도 불린다. ❷ 솥에 불린 찹쌀과 물을 넣고 찰밥을 짓는다. ❸ 찰밥은 고두밥이 되거나 죽이 되지 않도록 물양을 잘 잡아야 한다. 멥쌀보다 적게 잡는다. ❹ 윤기가 흐르는 밥을 섞어 그릇에 담아낸다. ❺ 삼계탕과 함께 먹는다.
살림이의 귀띔	삼계탕과 먹는 찰밥은 삼계닭 뱃속에 찹쌀을 넣어 끓이기도 한다.

자연이 차려준 절기밥상

7월 대서

오이만두 규아상

50분 / 6인분 / GMO-free / 채식 / 토박이씨앗

재료	만두피 16개, 다진소고기 80g, 생표고 또는 불린표고버섯 3장, 오이 2개, 잣 1큰술, 소금 1작은술, 현미유 약간 **소고기와 표고버섯 양념** 다진파 1작은술, 다진마늘 1/2작은술, 간장 2작은술, 후추 참기름 약간
만드는 방법	❶ 다진 소고기와 표고버섯은 채썰어 분량의 다진파, 다진마늘, 간장, 후추, 참기름을 넣고 같이 버무린다. ❷ 오이는 4등분(약 4cm)하여 돌려깎이 한 후 얇게 채썰어 소금 1작은술로 절인다. 10분 정도 절인 오이를 씻어 물기를 짠다. ❸ 프라이팬에 현미유를 두르고 오이를 재빨리 볶는다. 양념한 소고기와 표고버섯을 볶은 후 섞어서 만두소를 만든다. ❹ 만두피에 ③과 잣을 2~3개씩 넣고 꼬집듯이 주름을 잡아 해삼 모양으로 빚는다. ❺ 김이 오른 찜통에 약 7~10분 정도 쪄서 식힌 후 초간장과 함께 낸다.
살림이의 귀띔	여름만두답게 깻잎이나 담쟁이 잎을 깔고 만두를 찌면 달라붙지 않고 보기에 시원해 보인다. 만두피는 밀가루 1컵, 물 3큰술, 소금 1작은술을 섞은 반죽으로 만들 수 있다. 오이껍질은 굵은소금으로 문질러 씻어내면 쓴맛을 줄이고, 표면의 돌기도 제거할 수 있다. 규아상은 조선후기 궁중식 만두로 모양이 해삼처럼 생겨서 '미(해삼의 옛말)만두'라고도 한다. 여름이 제철인 오이를 넣어 쉽게 쉬지 않고 아삭한 식감이 난다.

오이는 수분이 많고, 성질이 차기 때문에 덥고 땀을 많이 흘리는 여름에 꼭 먹어야 할 채소이다. 아삭한 식감과 더불어 식이섬유로 해로운 성분 배출, 숙취 해소, 미백 효과, 피로 해소 등의 효능도 다양하다.

7월 대서
증편

 50분　 6인분　 GMO-free　 채식

재료	건식멥쌀가루 300g, 생막걸리 150g, 따뜻한 물 150g, 설탕^{마스코바도} 90g, 소금 2g, 대추 5개, 흑임자 1작은술
만드는 방법	❶ 쌀가루에 소금을 넣고 비벼 체에 내린다. 대추는 씻어 씨를 빼고 모양을 낼 수 있도록 말아서 동그랗게 썬다. ❷ 막걸리와 50℃ 정도의 따뜻한 물에 설탕을 녹여 쌀가루와 섞어 30~35℃에서 4시간 정도 1차 발효한다. ❸ 1차 발효 후 기포를 없애기 위해 저어주고 3~4시간 2차 발효를 한다. ❹ 2차 발효한 반죽에 기포가 없도록 저어준다. 찜기에 틀을 놓고 붙지않도록 기름을 바른다. 틀에 반죽을 넣고 흑임자와 채썬 대추로 모양을 낸다. ❺ 찜기 뚜껑은 면보로 싸서 물이 떨어지지 않도록 하고 약불에서 5분, 강불에서 20분 찌고 뜸들이기를 5분 가량 한 후 참기름을 발라 접시에 담아낸다.
살림이의 귀띔	증편에 사용하는 막걸리는 반드시 효모균이 살아있는 생막걸리를 사용해야 한다. 한살림 찹쌀생막걸리는 도수가 높아 다른 생막걸리에 비해 발효시간이 길어 더 오래 발효시간을 가져야 한다.

7월 대서

참외화채

 20분　 4인분　 GMO-free　 채식

재료　참외 2개, 오미자효소 2컵, 물 2컵, 얼음

만드는 방법
❶ 참외는 흐르는 물에 깨끗하게 씻는다. 껍질을 사용하므로 깎지 않는다.
❷ 반으로 잘라 속을 파낸다. 과육은 먹기 좋은 모양이나 크기로 썬다.
❸ 시원한 물에 오미자효소를 기호에 맞게 당도를 조절하여 화채 국물을 만든다.
❹ 그릇에 ③을 담고 모양낸 참외와 얼음을 넣는다.
❺ 그릇에 담아낸다.

살림이의 귀띔　건오미자를 사용할 경우 12시간 정도 불려 우린다. 꿀을 타서 당도를 조절하여 화채 국물을 만든다.

8월 절기 밥상

8월 7일 또는 8일 立秋 입추

처서 處暑 8월 23일 또는 24일

입추는 말복을 앞두고 찾아오는 절기다. 늦여름 햇살을 받아 벼가 한창 익어가는 시기라 맑은 날이 오래 들기를 기도했다. 입추가 지나면서 서늘한 바람이 불기 시작하는데 김장 배추와 무 씨앗을 심었다. 입추 때는 벼 자라는 소리에 개가 짖는다는 속담이 있다. 입추에는 신맛 나는 과일과 채소를 많이 먹어 위와 폐를 보살폈다. 처서는 땅에서는 귀뚜라미 등에 업혀오고 하늘에서는 뭉게구름 타고 온다는 말이 전해질 정도로 더위가 가시고 선선한 바람이 분다. 여름 내내 눅눅해진 옷과 책을 꺼내 말린다. 처서 밑에는 까마귀대가리가 벗어진다는 속담도 있는데 마지막 더위는 까마귀의 대가리가 타서 벗겨질만큼 심하다는 뜻이다.

절기속담

- 가을 채소는 입추 이슬을 맞아야 한다. _{가을 채소 새싹들이 이슬습기를 충분히 흡수해야 잘 자란다}
- 입추에 비가 오면 김장 농사가 잘 된다.
- 입추 때 벼 자라는 소리에 개가 짖는다.
- 모기도 처서가 지나면 입이 삐뚤어진다.
- 처서가 잔잔하면 농작물이 풍성해진다.

입추 절기밥상

옥수수밥	134
호박전	135
초계국수	136
임자수탕	138
노각무침	139

처서 절기밥상

생맥산	140
월과채	141
깨찰떡	142
고추장떡	144
고구마순김치	145

8월 입추

옥수수밥

 30분　 4인분　 GMO-free　 채식　 토박이씨앗

재료 쌀 2컵, 옥수수 1컵, 물 2컵

만드는 방법
❶ 옥수수는 껍질을 깐다. 옥수수 알을 떼어서 씻는다.
❷ 쌀은 씻어 체에 받쳐 20분간 불린다.
❸ 솥에 ①과 ②를 넣고 밥물을 넣어 센불에서 5분, 중간불에서 10분간 짓는다.
❹ 불을 끈 후 후뜸을 5분 정도 들인다.
❺ 밥이 되면 뚜껑을 열어 쌀과 옥수수가 섞이도록 밥을 푼다.

살림이의 귀띔 옥수수 대신 8월에 나오는 풋콩을 넣어도 된다.

8월 입추

호박전

30분　　4인분　　GMO-free　　채식

재료	호박 2개, 밀가루 40g, 소금 1작은술, 달걀 3개, 현미유
만드는 방법	❶ 호박은 흐르는 물에 씻어 물기를 빼고 0.5㎝ 두께로 편썰어 둔다. ❷ 편썬 호박에 소금을 뿌려 밑간을 하고 밀가루를 무친다. ❸ 달걀은 멍울이 지지않게 풀어놓는다. ❹ ③에 ②를 넣어 달걀물이 고루 무치도록 한다. ❺ 프라이팬을 달궈 기름을 두르고 ④를 넣어 노릇하게 부친다.
살림이의 귀띔	밀가루와 달걀물을 섞을 때 물을 넣어 풀어도 된다.

8월 입추

초계국수

 30분　 2인분　 GMO-free　 토박이씨앗

재료

닭곰탕 1팩, 동치미냉면육수 1팩, 무쌈 1팩, 메밀국수 200g, 오이 반개, 토마토 1개, 삶은 달걀 1개, 식초 2큰술, 겨자 1작은술, 소금 약간

만드는 방법

1. 닭곰탕을 체에 받쳐 닭살과 국물로 분리해 놓는다.
2. 닭곰탕육수, 동치미냉면육수, 무쌈국물을 섞어 초계국수 육수를 만든다. 기호에 따라 소금, 식초, 겨자를 가감한다.
3. 무쌈은 먹기 좋게 자르고 오이는 무쌈 모양과 같게 채썬다.
4. 메밀국수는 잘 삶아 물기를 빼고 사리를 지어 놓는다.
5. 달걀은 삶아 반으로 자르고 토마토는 먹기좋게 잘라 고명으로 준비한다.
6. 그릇에 소면과 육수를 담고, 닭고기와 고명을 얹어 초계국수를 완성한다.

닭뼈와 닭발을 푹 고아 만든 닭 육수로 만들어 국물이 진하고 담백한 닭곰탕은 양파, 파, 월계수잎 등 채소와 함께 육수를 우려내고 천일염으로 간을 하여 깔끔한 감칠맛을 낸다. 닭다리살을 별도로 삶아 넣어 부드러운 식감이 좋아 초계국수는 물론 닭죽, 이유식용 육수, 닭칼국수 등 다양한 요리에 활용하기에 좋다.

8월 입추

임자수탕

40분

4인분

GMO-free

토박이씨앗

재료 반계탕 1봉지, 볶은참깨 1/2컵, 당근 10g, 표고버섯 1개, 달걀 1개, 미나리 10g, 밀가루 약간, 식용유 약간, 소고기 100g, 두부 50g
완자양념 간장 1큰술, 설탕 1작은술, 깨소금 1작은술, 다진파 약간, 다진마늘 약간, 참기름 1작은술, 후춧가루 약간

만드는 방법

❶ 한살림 반계탕을 사용한다. 볶은 깨는 닭 육수를 조금씩 부어가면서 곱게 갈아 깨즙을 만들고 소금으로 간을 맞춘다.
❷ 다진 소고기는 으깬 두부를 섞고 양념을 넣어 1㎝ 크기로 완자를 빚어 밀가루와 달걀물을 묻혀 끓는 소금물에 데친다.
❸ 당근은 4㎝ 길이로 썰어 녹말을 묻혀 끓는 소금물에 익힌다.
❹ 표고버섯은 당근과 같은 길이로 썰어 기름 없이 볶는다. 미나리는 잎을 떼고 줄기에 밀가루, 달걀물을 씌워 미나리 초대로 만든다. 달걀은 황백지단을 도톰하게 부친다.
❺ 닭고기는 잘게 찢어서 소금과 후춧가루로 밑 양념을 한다. 미나리 초대는 4 × 1.5㎝로 썰고 황백지단도 같은 크기로 썬다.
❻ 준비한 그릇 가운데에 닭고기를 놓고 표고버섯, 당근, 황백지단은 색을 맞추어 담는다.

8월 입추

노각무침

 20분 4인분  GMO-free 채식 비가열 토박이씨앗

재료
노각 800g 이상, 소금 1 작은술, 설탕 1작은술
양념 갈은깨 1큰술, 고춧가루 2큰술, 매실액 1큰술, 소금 1작은술, 식초 1큰술, 다진파 1큰술, 다진마늘 1큰술

만드는 방법
❶ 노각은 흐르는 물에 씻어 감자칼을 사용해 껍질을 깎는다.
❷ 껍질을 깎은 노각은 반을 갈라 씨를 빼고 0.3㎝ 두께로 썰어놓는다.
❸ 썰어놓은 노각은 소금과 설탕을 넣어 20분간 절인다.
❹ 절여진 노각은 씻지 않고 베보자기로 물기를 꽉 짠다.
❺ 물기를 짠 노각은 살살 털어 그릇에 넣고 양념에 무친다.
❻ 준비된 접시에 담아 통깨를 뿌려 낸다.

살림이의 귀띔
노각은 다대기 오이, 가시오이 품종이 아니라 조선오이가 자란 것이다.

8월 처서

생맥산

50분

6인분

GMO-free

채식

재료 맥문동 70g, 인삼 35g, 오미자 20g, 황기 4g, 감초 4g, 물 20컵, 꿀 적당량

만드는 방법
❶ 생맥산 재료를 준비한다.
❷ 잘게 썬 인삼, 맥문동, 오미자를 가볍게 물에 헹군 뒤 두꺼운 주전자나 냄비에 물을 붓고 함께 넣어 40분 정도 푹 달인다.
❸ 푹 달인 생맥산을 면보에 거른다.
❹ 찻잔에 생맥산을 붓고 꿀을 탄 뒤 잣을 띄워 낸다.
❺ 기호에 따라 따뜻하게 또는 차게 마실 수 있다.

살림이의 귀띔 생맥산^{生脈散}은 맥문동, 인삼, 오미자를 물에 달여서 여름에 물 대신 마시는 음료로 『동의보감』에 의하면 '사람의 기^{氣}를 도우며 심장의 열을 내리게 하고 폐를 깨끗하게 하는 효능이 있다'고 한다.

월과채

8월 처서

50분 | 6인분 | GMO-free

재료

애호박 1개, 느타리버섯 50g, 말린표고버섯 3장, 홍고추 1/4개, 달걀 1개, 소고기 50g, 건식찹쌀가루 1/2컵, 목이버섯 4장, 소금, 현미유, 참기름 조금, 잣가루 조금
고기양념 간장 1큰술, 설탕 1/2큰술, 다진마늘 1작은술, 다진파 1작은술, 참기름 조금

만드는 방법

❶ 애호박은 반으로 갈라서 속을 파낸 후 0.2㎝ 굵기로 썰어 소금 1작은술을 넣고 10분 정도 절인다. 절인 애호박은 면보에 싸서 뭉개지지 않도록 물기를 짠다.
❷ 기름을 살짝 두른 프라이팬에 ①을 넣고 볶아서 넓은 접시에 올려 식힌다.
❸ 고기와 표고버섯은 채를 썰어서 양념에 재운 후 기름 살짝 두른 프라이팬에 볶는다. 목이버섯은 표고버섯처럼 썰어놓고 느타리버섯은 찢어 프라이팬에 살짝 볶는다. 간은 소금으로만 살짝한다.
❹ 홍고추는 채를 썰어 살짝 볶고 달걀은 지단을 부쳐 채썬다. 잣은 곱게 다진다.
❺ 찹쌀가루는 익반죽해서 엄지손톱 크기로 굽는다. 큰 볼에 모든 재료를 넣어 가볍게 섞은 후 접시에 담아낸다. 잣가루 고명을 살짝 뿌려준다.

살림이의 귀띔

'월과'란 호박을 뜻하는 말로 호박이 많이 나는 여름철에 당면 없이 만들어 먹던 잡채다.

깨찰떡

8월 처서

 50분   6인분   GMO-free   채식

재료
건식찹쌀가루 200g, 소금 1g, 설탕 25g, 물 110g
떡고물 볶은 참깨가루 50g, 볶은 흑임자가루 30g

만드는 방법
❶ 찹쌀가루에 소금, 물을 넣고 물주기를 한 후 손으로 비벼준다. 물주기 한 후 30분 정도 젖은 면보를 덮어둔다.
❷ 설탕은 찌기 바로 직전에 넣어 섞는다(뭉침 방지).
❸ 볶은 참깨와 흑임자는 곱게 갈아 둔다.
❹ 찜기에 젖은 면보를 깔고 사각틀을 올려놓고 깨고물-찹쌀가루-흑임자고물-찹쌀가루-깨고물 순으로 올리고, 사각틀 4면을 살짝 흔들어 떡이 잘 익을 수 있도록 틈이 만들어지도록 흔든다.
❺ ④를 김 오른 찜기에 올려 20분 가량 찐 다음 5분 정도 후뜸을 들인다.
❻ 찐 떡이 식으면 보기 좋게 모양을 잡아낸다.

살림이의 귀띔
볶은 흑임자를 곱게 갈아서 쌀가루 사이사이에 살짝 뿌려야 떡이 떨어지지 않는다. 찰떡은 가루가 뭉쳐야 쫀득함을 살릴 수 있어 찹쌀가루는 체에 내리지 않는다. 콩고물을 사용할 수도 있다.

'흑임자'라고 불리는 검은깨는 예로부터 중국과 우리나라에서 불로장수 식품으로 귀하게 여겨 왔다. 실제로 흑임자의 검은 색소인 안토시안은 노화의 원인인 활성산소를 중화시켜주는 작용을 한다. 조선 시대 궁중에서는 아침 식사 전에 먹는 죽상으로 흑임자죽을 많이 올렸고, 특유의 고소한 맛 때문에 죽·떡·한과 등에 많이 사용했다.

8월 처서

고추장떡

 30분   4인분   GMO-free   토박이씨앗

재료

부추 1줌, 깻잎 10장, 청양고추 5개, 식용유
고추장반죽 찹쌀가루 150g, 고추장 5큰술, 고춧가루 1큰술, 물 5큰술
된장반죽 통밀가루 100g, 된장 5큰술, 멸치가루 1큰술, 물 5큰술
밑간 다진마늘 1큰술, 참기름 1큰술, 깨소금 1큰술, 후춧가루

만드는 방법

❶ 찹쌀가루에 끓인 물을 조금씩 넣으면서 익반죽한다. 반죽이 질척거리지 않고 모양을 잡을 수 있도록 물 양을 조절한다.
❷ ①에 고추장, 고춧가루를 섞어 고추장 반죽을 만든다.
❸ ②에 다진마늘, 참기름, 깨소금, 후춧가루로 밑간을 한 후 고루 치댄다. 밑간을 하면 장 특유의 잡냄새와 텁텁한 맛이 사라진다.
❹ 부추, 깻잎, 청양고추를 굵게 다진다.
❺ 밑간 한 고추장 반죽에 ④를 넣은 뒤 한 번 더 치댄다. 반죽은 충분히 치대야 쫄깃한 식감이 산다.
❻ 반죽을 한입 크기로 떼어 낸 뒤 둥글납작하게 빚는다. 달군 프라이팬에 기름을 넉넉히 두르고 빚은 반죽을 올려 부친다. 한 김 식으면 접시에 담아낸다.

살림이의 귀띔

된장장떡은 고추장장떡과 만드는 방법은 같고 된장 반죽만 재료 분량대로 만들어 사용한다. 불세기는 센불로 예열하고 중불에서 굽다가 반쯤 익으면 약불에서 나머지를 익힌다.

8월 처서

고구마순 김치

 50분　 6인분　 GMO-free　 채식　 비가열　 토박이씨앗

재료

손질한 고구마순 1kg, 부추 100g, 양파 1개, 붉은고추 3개
양념 고춧가루 1/2컵, 다진마늘 3큰술, 생강술 2큰술, 멸치액젓 1컵, 밀가루풀 2컵(물 2컵, 밀가루 2큰술), 5% 소금물(물 1.9L, 소금 100g)

만드는 방법

❶ 고구마순은 깨끗이 씻어 소금물에 30분간 절여 껍질을 벗긴다.
❷ 고구마순을 5~6㎝ 길이로 썬다. 부추는 깨끗이 씻어 4~5㎝ 길이로 썬다.
❸ 양파는 껍질을 벗기고 씻어 곱게 채를 썬다. 붉은고추는 길이로 반을 갈라 속을 빼내고 4~5㎝ 길이로 채를 썬다.
❹ 김치를 버무릴 큰 그릇에 김치양념을 모두 넣는다. 고구마순을 제외한 나머지 채소도 같이 넣고 고루 버무린다.
❺ 고구마순을 넣고 다시 한번 버무린다. 간을 본 후 김치통에 담아 국물이 새콤하게 숙성될 때까지 상온에 두었다가 냉장고에 넣고 먹는다.

살림이의 귀띔

고구마순을 소금에 절여 껍질을 까면 손과 손톱이 물드는 것이 적다.

9월 절기 밥상

9월 7일 또는 8일 白露 백로

추분 秋分 9월 23일 또는 24일

백로는 낮 기온은 여름이지만 아침 저녁으로 선선하다. 하늘은 높고 날씨가 맑아 오곡백과가 무르익는다. 백로에서 추석까지는 포도가 제철이다. 추분은 땅위의 물이 마르고 낮의 길이가 점점 짧아지고 밤의 길이가 길어져 가을로 접어든 것을 실감한다. 가을걷이가 시작되는 본격 추수철이며 추석을 앞두고 잘 익은 과실을 수확한다. 콩, 고구마, 땅콩, 들깨를 수확하고 묵나물이 될 수 있는 것들은 정리해서 말린다. 산에서 나는 자연산 버섯이 가장 맛있을 때다.

절기속담

- 백로가 지나서는 논에 가볼 필요가 없다. _{백로 무렵에 이삭이 거의 결정되었기 때문에 논에 가볼 필요가 없다}
- 백로에 비 오면 십리 천 석을 늘린다. _{벼가 영그는 시기라 이때 비가 오면 풍년이 든다}
- 추분이 지나면 우렛소리 멈추고 벌레가 숨는다. _{추분은 가을이 시작되는 절기라서 천둥소리는 나지 않고 벌레는 월동준비를 한다}
- 덥고 추운 것도 추분과 춘분까지다.

백로 절기밥상		추분 절기밥상	
버섯밥	148	더덕찹쌀구이	154
토란탕	149	타락죽	155
전어구이	150	깻잎김치	156
미숫가루	152	송편	157
가지나물	153	구운채소마샐러드	158

9월 백로

버섯밥

 30분　 4인분　 GMO-free　 채식

재료　쌀 2컵, 버섯 250g^{표고, 느타리, 만가닥, 목이 등}, 물 1.9컵, 들기름 1큰술, 간장 1큰술

만드는 방법
1. 쌀은 씻어 체에 받쳐 30분간 불린다.
2. 버섯은 종류별로 손질해 놓는다.
3. 솥에 ①을 넣고 간장, 들기름, 물을 넣는다.
4. ③에 손질한 버섯들을 올리고 밥을 짓는다.
5. 밥이 되면 뚜껑을 열어 쌀과 버섯이 섞이도록 밥을 푼다.

살림이의 귀띔　버섯은 집에 있거나 쉽게 구할 수 있는 것을 사용하면 된다.

9월 백로

토란탕

50분 | 6인분 | GMO-free | 토박이씨앗

재료	토란 300g, 국거리소고기(양지머리) 300g, 무 200g, 대파 30g, 물 7컵, 간장 3큰술, 소금 약간, 쌀뜨물 3컵, 다시마 20g
	양념 간장 1작은술, 다진마늘 1작은술, 소금 1/3 작은술, 참기름 1작은술, 후춧가루

만드는 방법

❶ 토란은 껍질을 벗겨 큰 것은 반으로 잘라 소금을 넣은 쌀뜨물에 살짝 데쳐 찬물에 씻는다.
❷ 소고기는 찬물에 담가 핏물을 빼고 다시 찬물에 넣어 삶는다.
❸ 고기가 충분히 삶아지면 소고기, 무, 다시마는 건져 먹기 좋게 썰고 소고기와 무는 양념한다.
❹ 육수에 간장과 소금으로 간을 한 후 토란을 넣고 끓인다. 양념한 소고기, 무, 다시마를 넣고 대파를 썰어 넣고 한소끔 끓인다.
❺ 기호에 따라 후춧가루를 곁들인다.

살림이의 귀띔

맑은 장국은 양지머리 육수 외에도 소고기를 납작하고 얇게 썰어 양념하여 볶다가 물을 붓고 끓여 만들기도 한다.

 9월 백로

전어구이

 30분　 3인분

재료　전어 3마리, 소금 1 작은술, 붉은고추 1개

만드는 방법
❶ 준비된 전어의 비늘을 칼로 긁는다.
❷ 아랫배를 갈라서 내장을 꺼내고 깨끗하게 씻는다. 물기를 제거하고 칼집을 낸다.
❸ 붉은고추는 씻어서 물기를 닦아 고명용으로 채를 썬다.
❹ 오븐에 200℃에서 20분 정도 굽는다.
❺ 접시에 담고 붉은고추 고명을 올린다.

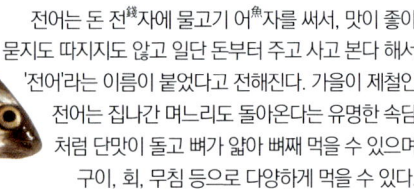

전어는 돈 전(錢)자에 물고기 어(魚)자를 써서, 맛이 좋아 묻지도 따지지도 않고 일단 돈부터 주고 사고 본다 해서 '전어'라는 이름이 붙었다고 전해진다. 가을이 제철인 전어는 집나간 며느리도 돌아온다는 유명한 속담처럼 단맛이 돌고 뼈가 얇아 뼈째 먹을 수 있으며 구이, 회, 무침 등으로 다양하게 먹을 수 있다.

 9월 백로

미숫가루

 20분　 4인분　 GMO-free　 채식

재료   미숫가루 10큰술, 물 400㎖, 꿀 6큰술, 설탕 2큰술, 얼음 10알

만드는 방법
❶ 한살림 미숫가루를 준비한다.
❷ 준비된 물에 미숫가루를 넣고 멍울을 푼다. 멍울을 풀기 위해 블렌더를 사용해도 된다.
❸ 잘 풀어진 미숫가루에 꿀을 넣는다. 설탕을 넣어 당도를 조절해도 된다.
❹ 미숫가루 농도와 당도가 맞으면 준비한 컵에 넣는다.
❺ 얼음을 띄워 낸다.

살림이의 귀띔   한살림 미숫가루는 찹쌀현미, 멥쌀현미, 보리, 검정콩을 넣어 만들었다.
미숫가루를 탈 때 물 대신 우유를 넣어 미숫가루 라떼를 만들어도 된다.

9월 백로

가지나물

 20분　 4인분　 GMO-free　 채식　 토박이씨앗

재료

가지 2개, 홍고추 1개

양념 간장 1큰술, 참기름 1작은술, 깨소금 1큰술, 마늘 1/2작은술

만드는 방법

❶ 가지는 흐르는 물에 씻어 길이로 4가닥으로 썰고 한 가닥을 다시 4가닥으로 썬다.
❷ 홍고추는 씻어 양념장에 넣을 것과 고명용으로 사용할 수 있도록 잘게 썬다.
❸ 16개로 등분된 가지를 프라이팬에 기름 없이 굽는다.
❹ 분량대로 양념장을 만들고 다진고추를 넣어 섞는다.
❺ 구운가지에 양념장을 넣고 무친다. 홍고추 다진 것을 고명으로 뿌린다.

살림이의 귀띔

가지는 찌거나 데치는 방법 등 여러 가지 방법으로 나물을 만들 수 있다.
위의 방법은 씹는 식감을 위해 가지를 기름 없이 구워 무친 것이다.

9월 추분

더덕찹쌀구이

40분 4인분 GMO-free 채식

재료 더덕 100g, 소금 1/2작은술, 찹쌀가루 1/2컵, 대추 2개, 잣 2큰술, 꿀 1큰술, 들기름 2큰술

만드는 방법
❶ 껍질 깐 더덕을 세로로 잘라, 방망이로 두들겨 펴준다.
❷ 더덕에 소금간을 하고, 찹쌀가루를 두툼하게 묻혀준다.
❸ 프라이팬에 들기름을 두르고 약불에서 타지 않도록 굽는다.
❹ 면보나 키친타올에 잣을 넣고 다진다.
❺ 대추는 돌려깎기 하여 씨를 제거하고 납작하게 만들어 돌돌 말아 얇게 썬다.
❻ 구워낸 더덕을 그릇에 담아 꿀초청을 올리고 대추와 잣으로 장식한다.

살림이의 귀띔 더덕은 고추장 양념에 구워먹는 맛도 좋지만, 찹쌀구이는 더덕의 맛과 향을 풍부하게 느낄 수 있어 좋다.

타락죽

30분 / 4인분 / GMO-free

재료
우유 280㎖, 현미가루 70g, 물 380㎖, 간장 약간, 잣, 꿀

만드는 방법
① 물에 현미가루를 풀어 끓인다. 밑바닥이 눋지 않도록 저어가며 끓인다.
② ①이 반쯤 익어갈 때쯤 약불에서 우유를 넣는다.
③ 약불에서 천천히 저어가며 익힌다.
④ 그릇에 담아 얇게 썬 잣을 고명으로 올린다.
⑤ 먹기 전에 간을 맞춘다.

살림이의 귀띔
기호에 따라 고명은 대추, 호두 등 다양하게 사용할 수 있다.

깻잎김치

9월 추분

 30분   4인분   GMO-free

재료 깻잎 10장씩 5묶음, 쪽파 20g, 홍고추1개, 검은깨, 채수 100㎖
양념 멸치액젓 3.5큰술, 고춧가루 4큰술, 매실액 1큰술, 설탕 1/2작은술, 다진마늘 1큰술, 생강즙 약간, 통깨 2큰술

만드는 방법
❶ 깻잎은 깨끗이 씻어 물기를 뺀다.
❷ 쪽파는 다듬어 씻고 송송 썬다. 홍고추도 씻어서 잘게 썬다.
❸ 분량의 양념 재료를 그릇에 넣고 ②와 함께 잘 섞는다.
❹ 물기를 턴 깻잎은 보관할 그릇에 한 두 장씩 겹쳐놓고 양념을 바른다.
❺ 깻잎에 양념을 다 바르면 뚜껑을 닫아 냉장고에 넣었다가 다음 날부터 먹는다.

살림이의 귀띔 밤이 있으면 채를 썰어 양념에 섞어 사용해도 좋다.

송편

 50분　 6인분　 GMO-free　 채식　 토박이씨앗

재료 　건식멥쌀가루 300g, 쑥가루 10g, 찐단호박 80g, 참기름
　　　　송편소 볶은깨 75g, 꿀 3큰술, 마스코바도 4큰술, 물 2큰술, 계피가루 1/2큰술

만드는 방법

❶ 멥쌀가루는 체에 내려 3등분으로 나누어 하나는 흰색, 하나는 쑥가루, 하나는 찐단호박을 넣어 섞는다. 섞인 가루는 뜨거운 물로 익반죽하여 많이 치댄다. 많이 치댈수록 찰기가 높아진다.

❷ 볶은 깨는 설탕 4큰술, 꿀 3큰술, 계피가루 1/2큰술, 물 2큰술을 넣어 섞어 둔다.

❸ 준비한 반죽을 조금씩 떼어 엄지 손가락으로 가운데를 파서 소를 넣고 오므려 눌러 공기를 뺀 후 예쁘게 송편 모양으로 빚는다.

❹ 시루나 찜통에 솔잎(면보)을 깔고 송편을 가지런히 놓은 뒤, 김이 올라 오면 뚜껑을 덮고 20분 정도 푹 찐 다음, 찬물에 재빨리 씻어 건진 다음 참기름을 바른다.

❺ 접시에 보기좋게 담아낸다.

9월 추분

구운채소 마샐러드

 30분   4인분   GMO-free   채식   토박이씨앗

재료   마 100g, 당근 60g, 적양파 1/2개, 파프리카 1/2개, 제철채소 냉이, 시금치, 산마늘, 마늘잎, 부추, 호박 중에서 50g, 레몬 1/2개, 다양한 허브 파슬리, 민트, 바질, 어린 루꼴라 60g, 올리브오일 4숟가락
양념 청양고추 1개, 홍고추 1개, 마늘 1쪽, 간장 2큰술, 물 1큰술, 식초 1큰술, 설탕 1/2큰술

만드는 방법
❶ 당근과 파프리카는 굵게 채썰고, 양파는 가로로 자른다.
❷ 그릴 혹은 에어프라이어에 당근, 양파, 파프리카를 넣고 180℃에서 10분 정도 굽는다.
❸ 제철채소는 굽거나 생으로 먹기 좋게 자른다. 마는 깍둑썰기 하고, 허브는 먹기 좋은 크기로 자른다.
❹ 볼에 구운 당근, 양파, 파프리카를 넣고, 올리브오일을 넣어 먼저 섞고 제철채소, 허브를 추가로 넣고 레몬즙과 소스를 넣어 섞는다.
❺ 그릇에 먹기좋게 담아낸다.

살림이의 귀띔   양념을 만들 때 청양고추와 홍고추, 마늘은 잘게 다져 넣는다.

미끈거리는 성분인 뮤신이 마의 대표적인 영양소로 위와 장에 좋다. 마는 익히면 영양소가 파괴되기 때문에 껍질을 깎아서 생으로 먹거나 갈아서 꿀이나 두유 등에 섞어서 먹기도 하고 샐러드를 만들어 먹는다.

10월 절기 밥상

10월 8일 또는 9일 寒露 한로

상강 霜降 10월 23일 또는 24일

한로는 기러기가 초대를 받은 듯 모여들고 참새가 줄고 조개가 나타나고 국화가 노랗게 피는 시기다. 무서리 세 번이면 된서리 온다고 논밭의 수확을 끝내야 한다. 벼를 수확하기 전 물을 빼면 미꾸라지들이 땅속으로 들어가기 시작한다. 이 때 잡은 미꾸라지가 추어로 추어탕을 끓인다. 상강은 낮은 맑고 상쾌한 날씨가 계속되나 밤에는 기운이 뚝 떨어져 서리가 내린다. 동면하는 벌레들은 땅속으로 숨는다. 바빴던 농사일이 거의 마무리되며 상강에 서리를 맞은 배추와 무는 맛이 좋아진다.

절기속담

· 한로가 지나면 제비도 강남으로 간다.
· 청명에 왔던 제비가 한로에 간다.
· 가을 곡식은 한로 이슬에 영근다. 한로에 차가운 이슬이 내리는데 이 때 자극을 받은 곡식이 잘 여문다는 뜻
· 한 해 김치 맛은 상강에 달려 있다. 상강에 찬 서리를 맞은 배추와 무는 수분이 많아져서 맛이 매우 좋아진다
· 한로 상강에 겉보리 파종한다.

한로 절기밥상

고등어추어탕	162
표고버섯느르미	164
토란줄기볶음	165
흑임자죽	166
도라지오이무침	167

상강 절기밥상

호박죽	168
마밥	170
무나물	171
배숙	172
국화전	173
전찌개	174

자연이 차려준 절기밥상

10월 한로

고등어추어탕

 50분   4인분   GMO-free   토박이씨앗

재료
고등어 1마리, 얼갈이 데친 것 200g, 홍고추 1개, 청고추 1개, 밀가루 1/2큰술
양념 된장 1큰술, 국간장 1.5큰술, 다진마늘 1.5큰술, 다진파 1.5큰술, 후추, 제피, 들깨가루
육수 생강1/2쪽, 청주 1.5큰술, 된장 1/2큰술, 대파 1/2개, 물 1.5ℓ

만드는 방법
❶ 육수용 국물에 대파와 손질된 고등어를 넣고 30분 이상 삶아 체에 거른다.
❷ 큰 뼈와 육수용 건더기는 꺼내고 고등어 살만 발라낸다.
❸ 육수 국물 약간과 밀가루 1/2큰술을 넣고 믹서기에 간다.
❹ 데친 얼갈이를 먹기 좋은 크기로 자르고 준비된 양념으로 무친다.
❺ 고등어살 간 것과 양념에 무친 얼갈이를 모두 넣고 푹 끓인다.
❻ 기호에 따라 제피 또는 들깨가루 양을 가감하여 곁들여 먹는다.

살림이의 귀띔
미꾸라지 대신 쉽게 구할 수 있는 고등어를 이용하여 끓인 탕이다. 지역마다 추어탕 끓이는 법이 제각각인데 얼갈이배추 토란대를 넣어 끓인다. 생고등어를 사용할 경우 간을 넉넉하게 한다. 무우청 삶은 시래기를 넣어도 좋다.

고등어는 비타민 B2와 철분 함유량이 높고, 참치 같은 등푸른 생선이나 견과류와 들기름에 많은 오메가3 지방산이 풍부하다. 또한 고등어의 지질에는 동맥경화 예방과 혈압 강하, 혈중 지방 저하 등의 작용을 하는 EPA와 DHA 등과 같은 고도불포화지방산이 다량 함유돼 있어 건뇌나 치매, 심근경색이나 뇌경색 예방에도 효과가 있다. 한국에서 참고등어가 가장 맛있는 시기는 9월부터 11월 사이이다.

10월 한로

표고버섯 느르미

 50분 6인분 GMO-free 채식

재료 생표고버섯 10개, 양파 1/4개, 당근 1/3개, 피망 1개, 간장 2작은술, 녹말가루 3큰술, 식용류 2컵
소스 물 300㎖, 식초 4큰술, 설탕 4큰술, 간장 2큰술, 녹말물(녹말 1큰술 물 1큰술)

만드는 방법
❶ 표고버섯은 꼭지를 떼고 흐르는 물에 재빨리 씻어서 물기를 닦아 4등분 하고 간장 2작은술을 넣고 밑간을 한다.
❷ 양념에 넣을 채소는 한입 크기로 썬다.
❸ 밑간한 표고버섯에 녹말가루 1큰술을 넣어 버무리고 2큰술은 물에 개어 살짝 흐르는 농도로 튀김반죽을 만든다. ①의 밑간한 표고버섯에 반죽을 묻혀 170℃ 온도에서 두 번 튀긴다.
❹ 물과 식초, 간장, 설탕을 불에 올리고 끓기 시작하면 채소를 넣고 한소끔 끓인 후 녹말물을 조금씩 붓고 덩어리지지 않게 젓는다.
❺ 튀겨낸 표고버섯에 소스를 붓는다.

살림이의 귀띔 말린 표고를 물에 불려 사용해도 된다. 소스를 끓일 때 건고추를 잘라 다른 채소와 같이 넣으면 살짝 매콤한 소스를 만들 수 있다.

10월 한로

토란줄기볶음

 40분   4인분   GMO-free   채식   토박이씨앗

재료

삶은 토란줄기 300g, 들기름 2큰술, 멸치육수 1컵, 들깨가루 3큰술
양념 국간장 1과 1/2큰술, 다진파 1큰술, 다진마늘 1/2큰술

만드는 방법

❶ 말린 토란줄기는 충분하게 불린다. 불린 토란줄기는 씻어서 20분 정도 삶는다. 삶은 토란줄기는 찬물에 1시간 정도 이상 담가 아린 맛을 우려낸다.

❷ ①의 토란대 물기를 꽉 짜고 3㎝ 길이로 썬다.

❸ 썰어둔 토란대에 양념을 넣고 무친다.

❹ 프라이팬에 들기름을 두르고 양념한 토란대를 넣어 볶는다.

❺ 토란줄기에 들기름이 배어들면 멸치육수와 들깨가루를 넣고 졸여서 완성한다.

 10월 한로

흑임자죽

 30분   4인분   GMO-free   채식

재료 쌀 1컵, 흑임자 1컵, 물 7컵, 소금 2g, 설탕 또는 꿀, 잣

만드는 방법
❶ 쌀은 씻어서 1~2시간 불리고 흑임자는 씻어서 볶는다.
❷ 불린 쌀과 흑임자는 각각 물 2컵씩을 넣고 곱게 간다.
❸ 곱게 간 쌀에 물 2컵을 붓고 멍울지지 않게 저으면서 끓인다.
❹ 끓기 시작하면 약불로 줄이고 곱게 간 흑임자와 물 1컵을 넣어가며 농도를 맞추면서 끓인다.
❺ 그릇에 담고 기호에 맞게 잣을 올리고 소금이나 설탕을 넣어서 먹는다.

10월 한로

도라지 오이무침

 30분   4인분   GMO-free   채식 비가열 토박이씨앗

재료

깐도라지 150g, 오이 1/2개
양념 고춧가루 1큰술, 고추장 1큰술, 사과식초 1큰술, 매실청 1큰술, 다진파 1큰술, 마늘 1/2큰술, 통깨 약간, 소금 1큰술^{절임용}

만드는 방법

❶ 도라지는 껍질을 까서 여러 갈래로 나누어 소금물에 담가 놓는다.
❷ 오이는 반을 갈라 씨를 도려내고 어슷썰어 소금에 절인다.
❸ 고춧가루, 고추장, 식초, 매실청, 파, 마늘을 섞어 양념장을 만든다.
❹ 소금물에 절인 도라지는 박박 씻어 체에 받쳐 물기를 뺀다. 절인 오이도 씻어 물기를 꽉 짠다.
❺ 물기를 짠 도라지와 오이를 양념장에 무친다. 그릇에 담고 통깨를 뿌려 낸다.

| 10월 상강 |

호박죽

 50분　 6인분　 GMO-free　 채식

재료
늙은호박 700g, 건식멥쌀가루 50g, 물 800㎖, 소금 1큰술, 설탕 2큰술, 꿀 약간

만드는 방법
❶ 늙은호박은 씻어 반으로 가르고 씨를 빼고 반으로 갈라 껍질을 깐다.
❷ 적당한 크기로 잘라 물 3컵을 넣고 삶는다.
❸ 충분하게 익은 호박을 믹서에 간다.
❹ 멥쌀가루와 물 1컵을 잘 섞는다.
❺ 냄비에 ❸과 ❹를 넣어 함께 끓인다. 기호에 맞게 소금과 설탕을 넣어 간을 맞춘다.

살림이의 귀띔
쌀가루가 없을 경우 밥을 갈아 사용해도 된다.

늙은호박은 저장성이 좋아서 구황작물로 이용되었고 단맛이 있어서 죽, 범벅, 떡 등의 재료로 많이 사용된다. 부종에도 효과가 있어서 출산 후 달여 먹으면 좋다.

1월
소한
대한

10월 상강

마밥

30분 4인분 GMO-free 채식

재료 쌀 2컵, 마 1/2개, 물 2.2컵

만드는 방법
1. 쌀은 씻어 체에 받쳐 30분간 불린다.
2. 마는 껍질을 깎아 먹기 좋은 크기로 깍둑썰기 한다.
3. 솥에 ①과 ②를 넣고 밥물을 넣어 밥을 짓는다.
4. 밥이 되면 뚜껑을 열고 고루 섞어 밥을 푼다.
5. 마가 골고루 보이도록 담아낸다.

살림이의 귀띔 마는 참마, 둥근마 모두 사용 가능하다.

10월 상강

무나물

30분

4인분

GMO-free

재료
무 200g, 참기름 2큰술, 다진파 1큰술, 다진마늘 1/2큰술, 생강즙 1/2 작은술, 소금 1/2 작은술, 멸치다시마육수 50㎖, 깨소금 1큰술

만드는 방법
❶ 무를 깨끗하게 씻는다. 껍질은 까지 않는다.
❷ 무는 7㎝ 길이로 자르고 길이에 맞춰 얇게 채썬다.
❸ 프라이팬에 참기름을 두르고 채썬 무, 파, 다진마늘, 생강즙, 소금을 넣고 볶다가 육수를 넣고 무가 부드럽게 익을 때까지 볶는다.
❹ 무에 양념이 잘 배어들면 불을 끈다. 무에 골고루 묻도록 깨소금을 뿌린다.
❺ 무가 가지런하게 놓이도록 접시에 담아 고명으로 통깨를 뿌려 낸다.

살림이의 귀띔
가을 무는 달고 맛있어 탕, 국, 나물로 다양하게 먹으면 좋다.

배숙

10월 상강

 50분
 6인분
 GMO-free
 채식

재료

배 1개, 생강 8g, 통후추 2g, 물 5컵, 꿀 1컵, 잣 약간

만드는 방법

❶ 생강은 깨끗하게 씻어 껍질을 벗기고 얇게 썬다.
❷ 찬물에 생강을 넣고 매운 맛이 우러나도록 40~50분 정도 끓인 다음 건더기는 걸러낸다.
❸ 배를 8쪽으로 갈라 껍질을 벗기고 씨를 도려낸다.
❹ 통후추를 씻어서 배에 깊이 박는다.
❺ ②의 생강 달인 물에 배와 꿀을 넣고 끓인다. 불을 세게 하지 말고 천천히 달여 맑고 붉은 빛이 돌 때까지 끓인다.
❻ 준비된 잔에 ⑤를 넣어 통후추가 박힌 배가 잘 보이도록 하여 낸다. 잣을 띄운다.

살림이의 귀띔

배가 신 것 일수록 붉은 빛이 돈다.
신맛이 덜하고 붉은 빛이 적으면 오미자 우린 물을 조금 탄다.

10월 상강

국화전

 50분   6인분   GMO-free   채식

재료 건식찹쌀가루 1컵, 건식멥쌀가루 1컵, 마른국화차 2큰술, 국화잎 10장, 물 2컵, 대추 5개, 꿀설탕시럽 3큰술, 현미유식용유

만드는 방법
❶ 냄비에 물과 마른 국화꽃을 넣고 끓인다. 국화꽃 찻물을 반죽에 사용할 수 있도록 그릇에 담아 놓는다.
❷ ①에다 찹쌀가루, 소금, 국화꽃을 잘게 다져 넣고 뜨거운 국화꽃 찻물로 익반죽 한다.
❸ 찹쌀가루 반죽을 지름 5㎝ 크기로 동글납작하게 빚는다.
❹ 대추는 씨를 빼고 납작하게 편뒤 말아서 꽃 모양이 되도록 채썬다.
❺ 프라이팬에 기름을 두르고 동그랗게 빚은 반죽을 올려 누르면서 지진다. 뒤집어서 익은 면에 국화잎과 대추로 모양을 내어 부친다.
❻ 국화전이 완성되면 꿀설탕시럽을 발라 접시에 담아낸다.

살림이의 귀띔 국화꽃을 찹쌀가루에 섞어 버무려 부쳐도 된다.
국화꽃이 없으면 쑥갓잎이나 다른 꽃을 활용해도 된다.

10월 상강

전찌개

30분

4인분

GMO-free

토박이씨앗

재료

전 동태전, 동그랑땡 등 각색전 300g, 표고버섯 2개, 목이버섯 10g, 무 50g, 대파 1/2뿌리, 마늘 1/2큰술, 고춧가루 1큰술, 간장 2큰술, 물 5컵, 두부 100g, 쑥갓 20g, 은행 10개, 잣 1작은술, 홍고추 1개, 소금 약간

만드는 방법

❶ 무는 납작하게 썰고, 두부는 두툼하게 썬다. 표고버섯은 편으로 썰고, 목이버섯은 먹기 좋게 찢는다. 대파는 어슷하게 썬다.
❷ 무를 냄비에 넣고 그 위에 각종 전, 버섯, 두부, 은행, 잣, 대파, 고춧가루를 보기 좋게 담는다.
❸ ②에 물과 간장을 부어 센 불에서 5분 정도 끓이다가 불을 낮춰 15분 가량 끓인다.
❹ 기름이 뜨면 숟가락으로 떠낸다.
❺ 어느 정도 끓으면 쑥갓과 홍고추를 넣고 불을 끈다.
❻ 그릇에 담아낸다.

살림이의 귀띔

명절이나 잔치가 지난 후 각종 전이 남은 것을 모아 끓여 먹던 음식이다. 들어가는 전의 종류는 집안마다 다르게 하면 된다.

전煎은 생선이나 고기, 채소 등을 얇게 썰거나 다지고 양념을 한 후, 밀가루와 달걀물을 씌워 기름에 지진 음식이다. 전유煎油라고도 부르며, 부침개와 달리 재료의 형태를 최대한 유지한다. 조선왕조 궁중음식에서는 얇게 저민 고기나 생선 따위에 밀가루를 묻히고 달걀 푼 것을 씌워 기름에 지진 음식을 '저냐'라고 불렀다. 전은 보통 전채, 반찬, 안주로 먹는다. 화전 등은 후식으로 먹기도 한다.

11월 절기밥상

입동 11월 7일 또는 8일 立冬

소설 小雪 11월 22일 또는 23일

입동은 해가 짧아져 동물들은 겨울잠에 들어가고 풀과 나무는 성장을 멈추고 낙엽을 떨군다. 김장을 하고 무청시래기와 무말랭이를 만든다. 수확이 끝나면 조상께 감사하는 시제를 지낸다. 입동에는 살아계신 어른을 모시고 음식을 대접하는 '치계미雉鷄米'라는 풍습이 있다. 마을단위 경로잔치라고 보면 된다. 소설은 살얼음이 얼기 시작하는 때로 소설 추위는 빚을 내서라도 한다는 속담이 있는데 소설 때 추워야 보리가 웃자라지 않고 농사가 잘 된다는 것이다. 소설이 있는 음력 10월에는 일하지 않고 놀고먹을 수 있다고 해서 1년중 으뜸가는 달이라 '상달上月'이라고 했다. 겨울에는 차를 즐기게 되는데 귤과 유자, 모과, 대추, 생강, 우엉 등 제철 채소를 말리거나 청으로 만들어 눈내리는 겨울에 따뜻하게 마셨다.

절기속담

- 입동이 지나면 김장을 해야 한다.
- 보리는 입동 전에 파종해라.
- 소설에 추워야 보리농사가 잘 된다. _{소설에는 날씨가 추워야 보리가 웃자라지 않아 겨울을 무사히 날 수 있다}
- 소설 추위는 빚을 내서라도 한다. _{소설에 날씨가 추워야 보리농사가 잘 된다}
- 소설엔 초순의 홑바지가 하순의 솜바지로 변한다. _{소설부터 본격적인 찬바람이 분다는 뜻으로, 본격적인 추위가 시작됨}

입동 절기밥상		소설 절기밥상	
굴밥	178	동태탕	185
우엉김치	180	호박고지찰떡	186
배추전	181	도라지정과	188
밤단자	182	생강귤차	189
맑은뭇국	184	도토리묵밥	190

자연이 차려준 경기밥상

178

11월 입동

굴밥

30분

4인분

GMO-free

재료 멥쌀 2컵, 손질한 굴 300g, 청주 1큰술, 물 2컵, 들기름 1큰술, 간장 1큰술^{개인 기호에 따라}
양념장 간장 1큰술, 물 1큰술, 송송 썬 쪽파 조금, 참기름, 통깨

만드는 방법

① 쌀은 씻어 체에 받쳐 20분간 불린다. 햅쌀은 불리지 않아도 된다.
② 굴은 3% 농도의 소금물에 흔들어 씻어 물기를 뺀다.
③ 냄비에 쌀을 넣고 물을 넣은 뒤 센불로 밥을 한다.
④ 밥물이 끓기 시작^{밥물이 퐁퐁하는 모습}하면 불을 줄이고 손질한 굴, 청주 1큰술^{들기름, 간장도 이때 넣음}을 넣고 15분간 더 끓인다.
⑤ 불을 끄고 뚜껑을 닫은 채로 5분간 뜸을 들인다. 양념은 분량대로 섞는다.
⑥ 밥을 골고루 섞어 푸고 그릇에 담아 양념장과 함께 낸다.

『동국여지승람』에도 굴에 대한 기록이 있는 걸로 보아, 우리나라 연해에 널리 분포되어 있으며 즐겨 먹어 왔음을 알 수 있다. 『동의보감』에서 굴은 몸을 건강하게 하고 살결을 곱게 하고 얼굴빛을 좋게 하니 바다에서 나는 음식 중에서 제일 좋다고 했다. 굴은 생굴로 그냥 먹거나 밥·죽·국·전·젓갈 등 다양하게 조리되어 이용된다.

11월 입동

우엉김치

 50분　 6인분　 GMO-free　 비가열　 토박이씨앗

재료 우엉 200g, 소금 1큰술, 쪽파 40g, 무 40g
양념 고춧가루 1/3컵, 다진마늘 1큰술, 생강즙 1작은술, 올리고당 1큰술, 멸치액젓 3큰술, 통깨 1큰술, 찹쌀풀물 1/2컵, 찹쌀가루 1큰술, 소금

만드는 방법
① 우엉은 껍질을 벗기고 5cm 길이로 납작하게 썬 후 소금물에 30분 정도 담근다.
② 우엉은 건져 물기를 빼고 찜통에 넣어 살짝 찐다.
③ 무는 4cm 길이로 채썰어 절여둔다. 쪽파는 다듬어 4cm 길이로 자른다.
④ 찹쌀풀물에 멸치액젓을 넣어 풀고 고춧가루, 다진마늘, 생강을 섞어 양념을 만든다.
⑤ ②의 쪄낸 우엉에 꽉 짠 무채, 쪽파를 합하고 ④의 양념과 통깨를 넣어 고루 버무린 후 모자라는 간은 소금으로 한다.
⑥ 단지에 꼭꼭 눌러 담는다. 즉석에서 먹어도 맛과 향이 좋다.

11월 입동

배추전

50분

6인분

GMO-free

재료
배추 200g, 밀가루 1컵, 멸치다시마육수 1컵, 간장 1큰술, 들기름 1큰술
양념 간장 1큰술, 물 1큰술, 깨소금 1큰술, 파 다짐 1작은술

만드는 방법
❶ 배추는 살짝 씻어 물기를 빼둔다.
❷ 두꺼운 부분은 칼 등으로 두드려 놓는다.
❸ 밀가루, 멸치다시마육수, 들기름, 간장을 넣어 반죽한다.
❹ 배추를 반죽에 넣었다가 꺼내 프라이팬에 올려 부친다.
❺ 한쪽이 노릇하게 익으면 뒤집어 부친다. 접시에 담아낸다.

11월 입동

밤단자

50분 | 6인분 | GMO-free | 채식

재료	건식찹쌀가루 100g, 물 60g, 소금 1g, 거피밤 150g, 쌀조청 20g, 계피가루

만드는 방법

❶ 찹쌀가루에 소금, 물을 섞어 고루 비빈다.
❷ 시루에 뚝뚝 끊어 펼치듯 놓아 김오른 찜기에 20분 가량 찐다.
❸ 거피밤을 20분 가량 삶아 체에 내린 후 반은 고물로 사용하고, 반은 쌀조청과 계피가루를 섞어 밤앙금을 동글동글하게 빚어 만든다.
❹ 잘 쪄진 찹쌀을 주물러 반죽한 후 조금씩 떼어내어 밤앙금을 넣고 밤고물에 묻힌다.
❺ 접시에 담아낸다.

살림이의 귀띔 생율(날밤)은 껍질을 깎아 제사, 차례상에 올리고, 밤의 속껍질인 율피는 한약재나 차로 활용하기도 한다.

밤은 주로 날로 먹거나 삶아서 먹는데, 수분을 13% 정도 말리면 당도가 더 높아진다. 꿀·설탕에 졸이거나 가루를 내어 죽·이유식을 만들기도 하며, 통조림·술·차 등으로 가공하기도 한다. 각종 과자와 빵·떡 등의 재료로도 널리 쓰인다.

11월 입동

맑은뭇국

30분

4인분

GMO-free

재료 무 500g
양념 들기름 1큰술, 새우젓 2큰술, 대파 1/2개, 청양고추 1개, 물 1.8ℓ

만드는 방법
❶ 무는 깨끗하게 씻어 나박나박 썬다.
❷ 냄비에 들기름을 살짝 두르고 무를 볶는다.
❸ 무가 어느 정도 익어가면 물을 붓는다. 새우젓은 꽉 짜서 국물로 간을 맞춘다. 부족한 간은 소금으로 한다.
❹ 잘게 썬 대파와 청양고추를 넣는다.
❺ 그릇에 담아낸다.

살림이의 귀띔 '겨울 무는 인삼보다 효과가 좋다'라는 말이 있을 정도로 무는 각종 요리에 이용되며 겨울철 잃어버린 입맛도 살리고, 영양도 풍부해 채소 중에 가장 이롭다고 『본초강목』에 기록되어 있다.

11월 소설

동태탕

40분 | 4인분 | GMO-free

재료 손질한 동태 1마리, 무 1/3개 450g, 두부 1/3모, 양파 1/2개, 청양고추 2개, 대파 1뿌리

양념 고춧가루 3큰술, 고추장 1큰술, 된장 1큰술, 된장 1작은술, 국간장 2큰술, 다진마늘 1/2큰술, 멸치액젓 1큰술

육수 쌀뜨물, 멸치다시마육수팩 1개

만드는 방법

❶ 동태를 손질한다. 아가미, 동태머리, 지느러미, 안쪽 피막도 제거한다.
❷ 냄비에 쌀뜨물을 붓고 국물팩을 넣어 10분 정도 끓인 후 국물팩을 꺼내고 납작하게 썰어둔 무를 넣는다.
❸ 양념장을 분량대로 섞어 만들어 둔다.
❹ 뜨거운 국물에 손질한 동태와 양념을 넣고 동태가 거의 다 익을 무렵 양파, 두부, 파를 넣고 끓인다.
❺ 간을 맞춘 후에 그릇에 담아낸다.

살림이의 귀띔 쌀뜨물을 사용하면 비린내를 줄일 수 있다.

11월 소설

호박고지찰떡

50분

6인분

GMO-free

채식

재료

건식찹쌀가루 300g, 호박고지 50g, 대추 3개, 곶감 2개, 밤 2개, 물 150g, 설탕 2큰술, 소금 3g

만드는 방법

❶ 건식찹쌀가루에 소금을 골고루 섞어 물을 조금씩 넣어가며 반죽한다.
❷ 반죽을 젖은 면보로 덮어 1시간 정도 안정화시킨다.
❸ 호박고지는 물에 불려 물기를 꽉 짜서 설탕^{30g}에 10분 정도 재운다.
❹ 대추는 씨를 발라내고 1cm 폭으로 자른다.
❺ 곶감, 밤도 대추와 비슷한 크기로 자른다.
❻ 반죽에 대추, 호박고지, 곶감을 섞어 김 오른 찜기에 올려 20분간 찐다. 불을 끄고 5분 정도 뜸을 들였다가 식혀서 먹기좋은 크기로 자른다.
❼ 접시에 담아낸다.

가을이 지나면서 호박덩굴에 달린 늙은호박을 잘 갈무리했다가 긴 겨울철에 다양한 음식에 활용했다. 청나라에서 들어온 박이란 의미로 오랑캐 호^{胡}자를 써서 '호박이'라 불렸다. 호박에 들어있는 펙틴 성분이 몸의 붓기를 가라앉히는 효능이 있어 옛날부터 출산 후 호박즙이나 호박죽을 먹던 식문화가 있다.

 11월 소설

도라지정과

 50분   6인분   GMO-free   채식

재료   통도라지 150g, 꿀 120g, 물 1컵 ^{도라지가 잠길 정도}

만드는 방법
❶ 도라지를 손질하여 손가락 세마디 길이로 자른다. 굵은 것은 반으로 갈라 ^{도라지 굵기를 같게 하면 좋다} 30분 정도 물에 담가 쓴맛을 뺀다.
❷ 물에 담근 도라지를 끓는 물에 살짝 데쳐 찬물에 헹군다.
❸ 냄비에 꿀 110g과 물을 넣고, 도라지를 넣어 센불에서 끓인다.
❹ 끓기 시작하면 약한 불로 줄여서 호박색이 ^{투명한 색} 될 때까지 졸인다.
❺ 물기가 거의 없어질 정도로 졸여지면 나머지 꿀을 넣어 윤기를 낸다.
❻ 졸여진 도라지를 체에 받쳐 1~2일 정도 말린다.

살림이의 귀띔   정과는 '전과, 밀전'이라고도 했으며, 과일이나 뿌리식물을 꿀이나 조청, 설탕 등에 졸여만드는 당과이다.

11월 소설

생강귤차

 20분   4인분   GMO-free   채식

재료 귤홍^{귤 겉껍질 말린 것} 25g, 물 1ℓ ^{물 6컵}, 생강 25g, 작설 8g, 꿀 4큰술

만드는 방법

❶ 귤은 깨끗이 씻어 물기를 없앤 후 껍질을 벗겨, 칼로 귤껍질 안쪽의 흰 부분을 긁어내고 난 겉껍질을 준비한다.
❷ 생강은 껍질을 벗겨 0.3cm 두께로 저며 놓는다.
❸ 주전자에 귤홍, 생강, 작설차를 넣고 물과 함께 20분은 중불에서 10분은 약한 불에서 서서히 달인다.
❹ 맛이 충분히 우러나면 고운 체에 걸러 찻잔에 따르고 꿀을 탄다.
❺ 찻잔에 담아낸다.

살림이의 귀띔 귤껍질은 제철에 알맹이를 먹고 난 껍질 말린 것을 사용한다. 말리지 않은 것은 껍질 안에 붙은 것은 제거하고 사용한다.

자연이 차려준 절기밥상

190

11월 소설

도토리묵밥

 30분   4인분   GMO-free

재료 도토리묵 420g, 배추김치 150g, 달걀 2개, 김가루 4g, 쪽파 20g, 밥 300g, 설탕 약간, 육수팩 2개, 물 6컵
양념 파 약간, 마늘 1작은술, 간장 1큰술, 참기름 1큰술, 통깨 1작은술, 청·홍고추 다짐 약간

만드는 방법
1. 육수팩 2개와 물 6컵을 넣어 육수를 만든다.
2. 김치는 물기를 꽉 짜서 썰고 쪽파도 송송 썬다.
3. 도토리묵은 채썰어 뜨거운 물에 데친다.
4. 김치에 참기름, 설탕, 깨를 갈아 넣어 양념한다.
5. 그릇에 밥, 묵, 김치를 넣고 육수를 넣는다. 고명으로 김가루와 지단을 올린다.

도토리는 구황식으로도 각광을 받았다. 『고려사』에는 충선왕이 흉년이 들자 백성을 생각하여 반찬의 수를 줄이고 도토리를 맛보았다는 기록이 있다. 조선 숙종은 을해년에 심한 흉년이 들자 몸소 도토리 20말을 백성에게 보내어 도와주었다 한다.

191

12월 절기 밥상

12월 7일 또는 8일 大雪 **대설**

동지 冬至 12월 21일 또는 22일

대설은 눈이 많이 내린다는 절기지만 실제로 많은 눈이 내린 적은 많지 않다. 대설에 내리는 눈은 상서로운 눈으로 여겨 눈을 먹는 풍속도 있었다. 수확한 곡식이 창고에 그득한 농한기다. 김장을 끝내고 나면 메주쑤기를 한다. 콩을 이용한 청국장과 두부, 콩비지가 겨울철 단백질 공급원이었다. 귤, 사과, 배, 홍시를 먹는다. 동지는 밤이 가장 길고 낮의 길이가 가장 짧다. 동짓날은 만물이 회생하는 날로 고기잡이와 사냥을 금하기도 했다. 동짓날이면 팥죽을 쑤었는데 조상께 올리고 방과 마루, 부엌, 광에도 한 그릇씩 떠다 놓았다. 붉은 색이 액운을 쫓는다고 믿어서이다. 팥죽을 먹으며 지난 액운을 씻고 새로운 한해를 정갈하게 시작하자는 의미도 담겨 있다.

절기속담

· 대설에 눈이 많이 오면 다음 해 풍년이 들고 푸근한 겨울을 난다.

· 눈은 보리의 이불이다. _{대설에 눈이 많이 오면 보리를 덮어 보온 역할을 해서 다음 해 보리가 풍년이 들고 따뜻한 겨울을 날수 있다는 뜻}

· 동지섣달 해는 노루꼬리만 하다. _{음력 11월 12월 낮이 매우 짧다}

· 동지가 지나면 무성귀도 새마음 든다. _{동지가 지나면 새해를 맞이할 준비에 들어간다는 의미}

· 동지팥죽을 먹어야 진짜 나이를 한 살 더 먹는다.

대설 절기밥상

서리태콩밥	194
바지락미역국	195
유자화채	196
연근조림	198
알배추겉절이	199

동지 절기밥상

동지팥죽	200
북어찜	202
붉은팥무시루떡	203
무말랭이무침	205
마구설기	206
명란호박찌개	208

12월 대설

서리태콩밥

 30분　 4인분　 GMO-free　 채식　 토박이씨앗

재료　멥쌀 2컵, 서리태콩 1/2컵, 물 2.5컵

만드는 방법
❶ 멥쌀은 씻어 체에 받쳐 20분간 불린다.
❷ 서리태콩은 깨끗하게 씻은 후 미리 잡은 밥물에 불린다.
❸ 압력솥에 불린 쌀과 불린 서리태콩을 넣고 콩 불린 물을 밥물로 잡아 양대로 넣는다.
❹ 압력솥의 추가 흔들리고 1분쯤 있다가 불을 끈다. 압력추가 풀릴 때까지 그대로 둔다.
❺ 밥이 되면 쌀과 콩을 잘 섞어 그릇에 담아 밥상에 올린다.

12월 대설

바지락미역국

 30분　 4인분　 GMO-free

재료　건미역 20g, 바지락(냉동) 100g, 물 1.5ℓ
　　　양념 국간장 2큰술(액젓도 가능), 소금 1작은 술, 참기름 1큰술

만드는 방법
❶ 미역을 충분히 불린 후 잘 씻어 물기를 짜고 먹기 좋게 썬다.
❷ 냄비에 참기름 1큰술을 넣고 미역과 바지락을 잘 볶아준다.
❸ 물을 세 번으로 나누어 순차적으로 ②에 넣고 끓이다가 간장과 소금으로 간을 맞춘다.
❹ 펄펄 끓으면 약한 불로 줄여 20분 이상 끓인다.
❺ 그릇에 담아낸다.

살림이의 귀띔　바지락 대신 홍합이나 굴을 넣어도 된다.

12월 대설

유자화채

30분

4인분

GMO-free

채식

재료 유자 2개, 배 1개, 석류 1개, 잣 20알, 꿀 4큰술, 설탕 4큰술, 물 700㎖

만드는 방법
❶ 유자를 씻어 물기를 닦고 겉껍질을 벗겨 4등분 하여 속을 꺼낸다.
❷ 유자의 겉껍질은 흰색과 노란부분으로 나눠 얇게 저며서 채썰어 설탕 2큰술을 뿌려 섞는다. 유자속은 씨를 빼고 칼로 잘게 다진다.
❸ 배는 가늘게 채썰어 설탕 2큰술을 뿌려 섞는다.
❹ 물에 꿀을 넣어 잘 섞는다.
❺ 그릇 바닥에 ❹를 넓게 펴 담고, 그 위에 ❷와 ❸을 색 맞추어 담고, 석류와 잣을 올린다.
❻ ❺에 ❹를 붓는다. 먹을 때에는 고루 섞어 작은 그릇에 조금씩 담아 먹는다.

살림이의 귀띔 석류알이나 대추채를 얹어 먹어도 좋다.

향기가 좋은 유자는 과육이 부드러운 식감과 강한 신맛을 가지고 있다. 주로 차, 청, 잼, 소스, 향신료 등으로 조리·가공하여 활용한다. 유자는 주로 동아시아중국, 일본, 한국에서 생산되고 있는데, 한국산이 향이 진하고 껍질이 두껍다. 감기 예방과 피부 건강에 좋은 비타민 C가 풍부하고, 신맛을 내며 피로 회복에 도움되는 유기산이 들어 있다. 주로 청을 담가 차로 이용하거나 요즘은 샐러드의 소스로도 활용되고 있다.

12월 대설

연근조림

 30분　 4인분　 GMO-free　 채식

재료　연근 400g, 소금 1큰술, 마늘 3개, 조청 4큰술, 현미유 2큰술, 참기름 1큰술
양념 맛간장 6큰술, 맛술 4큰술, 올리고당 2큰술

만드는 방법
❶ 통연근은 깨끗하게 씻어 껍질을 까고 너무 얇지 않게 썬다.
❷ 마늘은 저며 썬다. 프라이팬에 들기름을 두르고 마늘을 넣고 볶은 후 따로 그릇에 덜어둔다.
❸ 기름을 한 큰술 더하고 연근을 5분 정도 볶아준다.
❹ 볶아둔 마늘을 넣고 조림장을 넣어서 중불에서 10분 정도 조린 다음 조청을 넣고 버무린 후 불을 끄고 참기름, 깨를 뿌린다.
❺ 그릇에 담아낸다.

살림이의 귀띔　연근은 잘 볶아주어야 식감이 좋다.

12월 대설

알배추겉절이

30분

4인분

GMO-free

재료 알배추 한 포기 1.5㎏, 소금 1/3컵, 쪽파 반단
양념 마늘 6쪽, 생강 반톨, 고춧가루 1컵, 붉은고추 2개, 새우젓 4큰술, 사과즙 1컵

만드는 방법
❶ 배추는 속이 차고 잎이 연한 것으로 준비해서 씻은 후 물기를 뺀다.
❷ 붉은고추는 채를 썰고 쪽파는 적당히 자른다.
❸ 마늘과 생강은 갈고 새우젓은 다진다.
❹ 고춧가루에 사과즙을 부어 불린다.
❺ 배추를 먹기 좋은 크기로 찢어 양념에 버무린다.

자연이 차려준 절기밥상

12월 동지

동지팥죽

 40분　 4인분　 GMO-free　 채식　 토박이씨앗

재료　팥 250g, 물 2ℓ ^{팥의 8배}, 소금 4g, 조랭이떡 250g, 잣 약간
　　　　찹쌀물 건식찹쌀가루 1/2컵^{100㎖}, 물 1/2컵^{100㎖}

만드는 방법
1. 팥은 비벼서 거품이 나도록 씻어 몇 번 헹군다. 냄비에 팥과 팥 양의 2~3배 정도 물을 넣고 10분 가량 끓인 후 찬물에 헹군다.
2. 냄비에 ①의 팥과 8배 물과 소금을 넣고 강한 불에서 끓인다. 끓기 시작하면 중불에서 한 시간 가량 팥이 무르고 물양이 2/3 정도 줄도록 삶아준다.
3. 쌀가루와 물을 같은 양으로 섞어 걸쭉한 농도로 찹쌀물을 만든다. 팥이 무르도록 삶아지면 찹쌀물을 넣고 주걱으로 저으며 찹쌀물이 퍼지도록 끓여준다.
4. 찹쌀물이 어느 정도 풀어지면 조랭이떡^{취향껏 가감}을 넣고 떡이 말랑하게 익을 정도로 저어가며 끓여준다.
5. 취향에 따라 잣이나 대추 등을 올린 후 소금이나 설탕을 넣어 먹는다.

살림이의 귀띔　팥죽 새알심은 찹쌀가루를 익반죽하여 동그랗게 빚어 사용해도 된다.

팥의 원산지는 동북아시아로 오랜 재배 역사를 가지고 있으며, 중국·한국·일본 등에서 재배된다. 팥은 특성상 단맛이 있기 때문에 예로부터 많은 요리에 첨가물로 애용되어 왔다. 팥고물과 팥소는 전통 과자에 많이 쓰이며, 일본에서는 밤, 칡과 함께 단맛의 3대 필수요소로 쓰인다.

12월 동지

북어찜

30분

4인분

GMO-free

재료
북어포 2마리, 현미유 1큰술
양념 고춧가루 3큰술, 맛간장 3큰술, 국간장 1큰술, 다진마늘 1큰술, 매실액 2큰술, 맛술 2큰술, 올리고당 5큰술, 다진청양고추 2큰술^{매운맛은 기호에 따라 다르므로 조절하여 넣음}, 홍고추다짐 1큰술, 참기름 1큰술, 다시마육수 1컵 반술

만드는 방법
❶ 북어포는 머리, 큰뼈, 가시를 제거하고 물에 살짝 헹궈서 물기를 제거한다.
❷ 북어포 껍질에 칼집을 낸 후 2등분 한다.
❸ 볼에 준비된 양념 재료를 넣어 섞는다.
❹ 프라이팬에 현미유 1큰술, 참기름 1큰술을 두른 뒤 북어포는 껍질부터 굽다가 뒤집어 살 부분에 양념을 끼얹으며 10분간 조린다.
❺ 북어찜은 먹기 좋은 크기로 잘라 접시에 담고 쪽파를 송송 썰어 고명으로 올린다.

살림이의 귀띔
북어포는 물에 담가 불리지 않고 씻는 정도로 물을 축여 사용한다.

12월 동지

붉은팥무시루떡

 50분　 6인분　 GMO-free　 채식　 토박이씨앗

재료　건식멥쌀가루 200g, 건식찹쌀가루 100g, 소금 4g, 물 120g, 무 200g, 설탕 30g, 붉은팥고물 400g

만드는 방법
1. 쌀가루, 소금, 물을 넣고 비벼서 축축하게 골고루 물주기를 한 후 체에 내린다.
2. ①을 젖은 면보에 싸서 20분간 안정화시킨다.
3. 무는 굵게 채썰어 약간의 소금과 설탕에 재어둔다.
4. ③의 무를 건져 물기를 짜고 ②와 설탕을 넣고 섞는다.
5. ②의 쌀가루에 설탕을 약간 섞어 ④의 시루 위에 편평하게 누르지 말고 편다. 이때 무채를 건져 물기를 짜고 같이 섞으면서 앉힌 후 붉은팥고물 200g로 덮는다.
6. ⑤에 ④를 절반 정도 눌리지 않게 살살펴서 깔고 다시 팥고물 1/3가량을 덮는다. 이 과정을 한 번 더 반복한다.
7. 김이 오른 찜솥에 올려 20분간 찌고 5분간 불을 끄고 뜸 들인다. 접시를 덮고 시루를 뒤집어 떡을 꺼낸다.

살림이의 귀띔　붉은팥고물 만들기 - 붉은팥은 씻어 솥에 팥과 물을 넉넉히 넣고 우르르 끓어오르면 불을 끄고 물을 버린다. 팥의 5배 정도의 물을 부어 삶는다. 푹 무르게 삶아지면 여분의 물을 따라내고 뜸을 들인다. 절구에 넣어 소금을 넣으면서 대강대강 방망이로 찧어 고물을 만든다.

12월 동지

무말랭이무침

 50분　 6인분　 GMO-free

재료
무말랭이 100g, 건고춧잎 20g, 생강즙 3큰술, 사과즙 150㎖,
양념 고춧가루 3큰술, 조청 3큰술, 간장 2큰술, 액젓 2큰술, 통깨 약간

만드는 방법
❶ 무말랭이는 찬물에 재빨리 2~3번 씻어서 건지고 건고춧잎은 찬물에 담가 불린다.
❷ 씻은 무말랭이에 생강즙과 사과즙을 넣어 버무려 30분간 둔다.
❸ 냄비에 분량의 양념과 버무렸던 무말랭이를 꽉 짠 국물을 넣고 끓여서 식힌다.
❹ 무말랭이, 물기를 꽉 짠 고춧잎을 잘 섞고 ❸의 양념이 배이도록 한다. 통깨를 넣어 버무린다.
❺ 접시에 담아낸다.

살림이의 귀띔
생강즙은 다진생강과 물을 1:2로 섞어 즙만 사용한다. 무친 후 2~3시간 후에 먹으면 양념이 잘 배이고 부드러우면서 꼬들꼬들한 식감의 무말랭이를 먹을 수 있다. 생고춧잎을 사용할 경우 데쳐서 사용한다.

말린 채소나 나물을 '건채(乾菜)'라고 부르는데, 문화어로는 '남새말이'라 한다. 애호박이나 박 등을 납작납작하거나 가늘고 길게 썰어 말린 것은 '고지'나 '오가리'라 부르며, 무나 가지 등을 가늘게 썰어 말린 것은 말랭이라 한다. 무청이나 배춧잎 등을 말린 것은 '시래기'라 부른다. 무는 전분을 분해하는 아밀라아제와 디아스타제가 많이 들어가 있어 과식으로 소화제가 없을 때 먹으면 효과가 좋다. 또 무는 콜레스테롤 수치를 줄인다. 무에 포함된 수용성 식이섬유소는 콜레스테롤을 방출하는 역할을 하고 불용성 식이섬유소는 장운동을 촉진하고 수분을 흡수해 변비 예방, 장청소에 좋다.

12월 동지

마구설기

 50분 6인분 GMO-free 채식 토박이씨앗

재료

건식멥쌀가루 300g, 서리태콩 50g, 호박고지 30g, 곶감 3개, 소금 3g, 설탕 5큰술, 물 150g

만드는 방법

❶ 건식멥쌀가루에 소금과 물을 넣고 섞어 체에 2~3번 내린 후, 1시간 정도 안정화 시킨다.
❷ 서리태콩은 물에 불려 삶아 설탕 2큰술을 넣어 조린다.
❸ 호박고지는 물에 씻어 물기를 꽉 짠다.
❹ 곶감은 씹는 식감이 날 수 있도록 적당한 크기로 자른다.
❺ ①에 서리태콩, 곶감, 호박고지, 설탕 3큰술을 넣어 섞어 찜기에 넣는다.
❻ 김 오른 찜통 위에 찜기를 올려 20분 정도 찐다.

생감을 완숙되기 전에 따서 껍질을 벗겨 건조시킨 곶감을 '건시(乾柿)'라고 하는데 쫄깃한 식감에 달콤한 맛이 특징이다. 겨울철이 제철인 곶감은 명절이나 제사 때 자주 쓰였지만 옛날 추운 겨울날 변변찮은 간식거리가 없던 시절에 훌륭한 영양간식이었다. 꼬챙이에 꿰지 않고 납작하게 말린 '준시'는 큰상차림에 많이 쓰이고, 꼭지를 실로 꿰어 말린 '주머니곶감'은 수정과에 넣어 먹거나 호두를 안에 넣고 만 '곶감쌈'을 만들어 먹기도 한다.

12월 동지

명란호박찌개 명란조치

50분

6인분

GMO-free

재료

명란젓 100g, 소고기 우둔 50g, 두부 100g, 애호박 1/2개, 대파 1/2개, 홍고추 1/2개, 새우젓 1작은술, 참기름 약간, 물 4컵
소고기양념 간장 1/2작은술, 마늘 약간, 참기름 약간, 후추 약간

만드는 방법

❶ 소고기를 잘게 썰어 분량의 양념을 넣는다.
❷ 명란을 1.5cm 크기로 썰고, 두부는 2×2×1cm 크기로 썬다.
❸ 애호박은 은행잎 모양으로 썰고, 대파는 반을 갈라 2cm 길이로 썬다. 홍고추는 어슷썰기 한다.
❹ 냄비에 물을 넣고 끓인다. 양념한 고기를 넣어 끓이다가 애호박, 두부, 명란을 넣고 추가로 더 끓인다. 새우젓으로 간을 맞추고 실파, 홍고추를 넣는다.
❺ 불을 끄고 참기름을 한 두 방울 넣고 그릇에 담아낸다.

부록

표로 읽는 24절기와 풍습
자연의 재료로 만든 한살림양념
한살림 조리도구 및 주방용품
한살림식생활센터가 하는 일
절기음식 찾아보기
절기음식 참고문헌

표로 읽는 24절기와 풍습

24절기	절기 음식	농사준비	절기 풍속	자연환경
입춘立春 2/4~5	탕평채·오신채·보리밥·무냉이된장국·죽순나물·승검초산적·달래나물·달래장·죽순찜·냉이나물·산갓김치	·종자 손질, 땅갈기 ·거름 뒤집기·뿌리기 ·보리·밀 밟기 ·농기구 수리 ·땅 갈기 ·황무지 불사르기	·입춘방 '立春大吉 建陽多慶' 입춘 ·날씨 보고 농사 풍흉점 치기	·동풍에 얼음 녹음 ·동면했던 벌레가 꿈틀거림 ·물고기가 수면 가까이 올라옴
우수雨水 2/18~19	오곡밥·찰밥·묵나물·김치전·만두·귀밝이술·아홉가지 묵은나물·복쌈·부럼·원소병	·마늘·양파·밀·보리에 웃거름 주기 ·밭 울타리·농막 보수 ·느릅·버드나무 심기 ·누에발 만들기 ·과일나무 심을 준비	·쥐불놀이 ·달집태우기 ·보리밟기	·기러기 북쪽으로 날아감 ·초목의 싹이 움직임
경칩驚蟄 3/5~6	고로쇠물·보리순·냉이·달래·미나리싹·부추새순	·삼·조·콩·기장·채소·오이·표주박·산초 심기 ·토란 옮겨 심기 ·베 만들기	·좀생이별 보기 ·머슴떡 만들기 ·노래기 퇴치 ·개구리알 먹기	·복숭아꽃이 피기 시작 ·꾀꼬리가 울음
춘분春分 3/20~21	고로쇠수액·쑥버무리·냉이·돌미나리·머위순·볶은콩·부럼·오곡밥·이명주귀밝이술·약식·복쌈·묵은나물·솔떡·승병僧餠·백가반百家飯	·감자·완두콩 심기 ·얼갈이·상추·아욱·시금치 씨앗 뿌리기 ·누에방·수로 수리하기 ·과일나무 접붙이기 ·볍씨 물에 담그기 ·뽕나무 옮겨 심기	·봄보리 갈기 ·들나물 먹기 ·담장 쌓기	·제비가 옴 ·우뢰가 시작됨 ·번개가 치기 시작
청명淸明 4/4~5	진달래화전·청명주·쑥버무리·두릅	·벼·참깨·생강·삼·쪽·목면·붉은팥·녹두·토란 심기 ·잠구 손질	·봄꽃나들이 ·화전놀이 ·흙 갈기	·오동나무 꽃이 피기 시작함 ·무지개가 보이기 시작함
곡우穀雨 4/20~21	우전차·곡우차·증편·개피떡 조기곡우살이·산다래물·공지한강의 물고기·화면花麵·수면水麵·탕평채	·볍씨 소금물 담그기 ·논둑 다지기 ·못자리 만들기 ·고추 심기, 누에치기 ·소금 절인 채소 저장하기 ·느릅나무 씨 거두기	·고로쇠 수액 마시기	·부평초가 자라기 시작함 ·후투티가 뽕나무에 내려앉음

부록 표로 읽는 24절기와 풍속

夏

24절기	절기 음식	농사준비	절기 풍속	자연환경
입하立夏 5/5~6	쑥개떡·수리취떡·산나물·쑥·수리취·고사리·취나물·참나물·다래순·머위쌈	·여름채소 심기 ·올벼 이앙하기 ·파씨 거두기 ·누에고치 실 뽑기 ·누에알 거두기	·잡초와 해충이 많이 생겨 농부는 더욱 바빠짐 ·화기 다스리기	·땅강아지가 울음 ·지렁이가 나옴 ·하늘타리가 생겨남
소만小滿 5/21~22	죽순·미나리강회·증편·느티떡·고사리·취나물·참나물·화병花餠·쑥개떡·도미국·볶은검은콩·미나리나물·어채·쑥떡·풋보리죽·풋보리밥	·풀매기, 벼 김매기 ·북·웃거름 주기 ·나무 치기 ·토란 북주기 ·나무연장 수리하기 ·얼음 등에 지기	·보리 베기 시작 ·보릿고개 ·산나물 캐기 ·연등 만들기 ·탑돌이	·찔레꽃 핌 ·고들빼기가 열매를 맺음
망종芒種 6/5~6	보리·햇감자·매실·오디·수리취떡·모싯잎떡·쑥·보리개떡·보리밥·백가지나물 해먹기·익모초	·보리 수확, 모내기 ·조·기장·콩·옥수수·고구마·수수·오디·가을오이 심기 ·맥류와 잇꽃 거두기 ·쪽 옮겨 심기 ·늦벼 이앙하기	·창포물에 머리감기 ·약초益母草, 쑥 캐기	·사마귀가 나타남 ·때까치가 울기 시작함
하지夏至 6/21~22	매실·감자전·옹심이냉국·수리떡·약떡·앵두화채·제호탕·티밥骨凡밥·메주·기루밥祭酒·도미찜·준치국	·김매기, 모시 베기 ·밀·마늘·양파·감자 수확 ·여러 채소 씨 거두기	·물맞이	·사슴뿔이 없어짐 ·말매미 울기 시작 ·끼무릇半夏이 나옴
소서小暑 7/7~8	밀국수·콩국수·수제비·민어회·애호박찌개·미역오이냉국·가지냉국·유두면·연병蓮餠·상화병·수단·건단·밀전병·팥죽·냉이떡유두고사떡·밀떡·미역국·수박·참외	·붉은팥·녹두·무씨 뿌리기 ·삼 베기 ·삼을 물에 담궈 부드럽게 만들기 ·생강 북주기	·논 매기 ·퇴비 장만하기 ·동쪽으로 흐르는 물에 머리감기 ·목욕하기유두연 流頭宴	·따뜻한 바람이 붐 ·귀뚜라미가 벽에 나타남 ·매가 사나워지기 시작함
대서大暑 7/22~23	추어탕·임자수탕·삼계탕·수박·수박화채·참외·포도·옥수수·밀면·개장국·육개장·삼계탕·닭백숙·닭김치·복죽팥죽	·보리밭·밀밭 갈기 ·뽕밭·벼 김매기 ·논 말리기 ·장 섞기 ·식초 만들기 ·밀 거두기	·일년 중 가장 더운 시기 ·가뭄, 장마 걱정	·반딧불이가 나타남 ·땅이 젖어서 무거움 ·큰비가 때때로 내림

211

24절기	절기음식	농사준비	절기풍속	자연환경
입추立秋 8/7~8	전복·닭·전어·옥수수·수박·복숭아·밀전병·밀개떡·호박부침·오이김치	·메밀 뿌리기 ·채소 옮겨 심기 ·대나무 치기 ·토란 서리기 ·쪽물감 만들기 ·보리밭·밀밭 두 번 갈이하기	·김장 배추·무 심기 ·어정 7월 건들 8월	·서늘한 바람이 붐 ·흰 이슬이 내림 ·쓰르라미가 움
처서處暑 8/23~24	추어탕·호박칼국수·복숭아·다슬기·소라·백가지 나물 백종百種·빅개회제주	·올벼와 조 베기 ·길쌈하기 ·복숭아·가지·박 햇볕에 말리기 ·오이지 담그기	·더운 기운이 멈춘다는 의미 ·책을 말리는 '쇄서포'	·매가 새를 잡아 제사를 지냄 ·쌀쌀해지기 시작 ·곡식이 여물기 시작함
백로白露 9/7~8	포도·송이버섯·알밤·녹두·전어	·보리·달래·염교·파·부추 심기 ·사일에 제사 드리기 ·대추 털기 ·모시 베기	·나락은 백로 전에 여물지 않으면 자라지 않음 ·호미씻기 ·친정나들이	·기러기가 옴 ·제비가 돌아감 ·뭇 새들이 먹이를 저장함
추분秋分 9/23~24	송이버섯·표고버섯·햅쌀·호박고지·토란국·말린가지나물·고구마순·깻잎절임·송편·인절미·토란들깨탕·송편오려송편·신도주햅쌀로 빚은·박나물·물호박시루떡·밤단자·토란단자·숙주나물	·밤에 길쌈하기 ·솜 손질하기 ·비단 누비기 ·옷 다듬이질하기 ·콩과 벼베기 ·낙엽 거두기	·추분이 춘분보다 10℃ 정도 높음 ·곡식 수확 ·말린 나물 준비	·우레가 소리를 거두기 시작함 ·동면하는 곤충이 문을 바름 ·물이 마르기 시작함
한로寒露 10/8~9	추어탕·호박고지·밤초·호박떡·들깨토란탕·국화차·국화주·국화전·유자화채	·유채·밀·보리 심기 ·콩 베기 ·오곡 종자 선별하기 ·참깨·조·삼·토란·차씨 거두기	·추워지기 전에 가을걷이 끝내기 ·단풍이 들고, 국화꽃 만개	·기러기가 와서 손님으로 묵음 ·국화가 황색 꽃을 갖음
상강霜降 10/23~24	국화주·추어탕·무나물·고추장아찌·깻잎장아찌·배춧국	·겨울옷 준비하기 ·생강 술에 담그기 ·낙엽 긁어 모으기 ·국화 채취하기 ·타작마당 만들기 ·움이나 땅꽝 수리하기	·밀·보리·마늘·양파 심기 ·서리가 내리는 때 가을걷이 끝나자마자 보리 씨앗 뿌리기	·승냥이가 짐승으로 제사를 지냄 ·초목이 누렇게 떨어짐 ·동면하는 곤충이 모두 몸을 움추림

24절기	절기음식	농사준비	절기풍속	자연환경
입동立冬 11/7~8	김장김치·팥시루떡· 추어탕·굴전 난난회煖暖會. 신선로·만두·연포탕· 쑥탕쑥탕·쑥단자艾團子, 밀단고·강정	·곡간·외양간 수리하기 ·베·짚신 짜기 ·볏짚·모시씨 거두기 ·모시 북주기 ·신에게 제사 지내기 ·벌통 보수하기	·채종 준비 ·무시래기 엮기 ·묵나물 만들기 ·메주 쑤기 ·치계미 행사 ·입동 5일 전후에 하는 김장 맛이 가장 좋음	·물이 얼기 시작 ·땅이 얼기 시작
소설小雪 11/22~23	김장김치·무말랭이· 호박꽂이·곶감·시래기· 냉면·김장·수정과	·뽕나무·과일나무 심기 ·야간에 일하기 ·소·돼지 방목하기 ·여러 과일 저장하기 ·곡식 종자 저장하기	·농기구 정리하기 ·소설에 추워야 보리농사 잘 됨	·무지개가 숨어서 나타나지 않음 ·하늘기운이 위로 올라가고, 땅기운이 아래로 내려오다 막혀서 겨울이 됨
대설大雪 12/7~8	시래기국·청국장·메주· 호박죽·귤·동치미· 동태국·전약: 관계· 후추·설탕·꿀·쇠가죽 삶은 것	·땔감과 숯 준비하기 ·띠와 갈대 베기 ·엿 만들기 ·시금치와 겨울부추에 거름 주기	·무말랭이 만들기 ·메주 쑤기 ·대설에 눈이 많이 오면 풍년	·할단이 울지 않음 ·호랑이가 교미하기 시작 ·염교가 나옴
동지冬至 12/21~22	동지팥죽·귤·김장김치· 동치미·팥밥·팥시루떡	·삼겹질 벗기기 ·재목 베기 ·들짐승 사냥 ·건어물·젓갈 만들기	·콩가리기, 팥죽을 쑤어 집 안의 신들에게 바치고 잡귀를 쫓음	·지렁이들이 뭉침 ·사불상의 뿔이 떨어짐 ·샘물이 흐름
소한小寒 1/5~6	식혜·두부·핑엿·떡국· 메밀묵·강정	·누에알 목욕시키기 ·얼음 뚫기 눈 치우기 ·수레·빗자루 만들기 ·뽕나무 껍질 벗기기	·양력으로 해가 바뀌어 처음으로 맞는 절기	·기러기가 북쪽 으로 향함 ·까치가 둥지를 틀기 시작 ·꿩이 울기 시작
대한大寒 1/20~21	죽·봄동배추·핑고기· 떡국·납약臘藥·청심원· 안신원·소합원·고구마 시루떡제주·엿·단술	·마당 손질하기 ·오이밭에 불 놓기 ·포 만들기 ·술 빚기 ·도소주 만들기 ·거름·잡초 쌓기 ·가시나무 베기	·24절기의 마지막 절기 ·종묘와 사직에 납제 ·미뤄둔 일들 정리하기	·닭이 알을 까기 시작 ·맹금류가 사납고 빨라짐 ·연못 안쪽이 꽁꽁 얼음

자연의 재료로 만든 한살림양념

정리 한살림가공생산연합회

소금

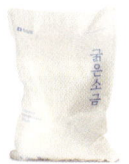

굵은소금
5~9월 생산된 천일염으로 염도가 적당하고 쓴맛 없이 깔끔하다. 젓갈, 장을 담그거나 김치 등 절임용으로 이용하기 좋다.

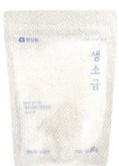

생소금
천일염을 세척하여 곱게 분쇄한 것으로 입자가 곱고 국이나 찌개를 끓일 때 국간장과 함께 이용하면 좋다.

볶은소금
200℃ 정도의 온도에서 40분 정도 볶은 것으로 주로 무침이나 생채에 이용하면 좋다.

볶은왕소금
200℃ 정도의 온도에서 40분 정도 볶은 것으로 구이용 고기나 생선, 볶음요리에 이용하기 좋다.

함초소금
함초는 염전 주변에서 자생하는 식물로, 각종 미네랄과 식이섬유가 풍부하다. 볶은 소금에 함초 분말을 더해 만든 것으로 염도가 낮은 편이다.

죽염
죽염은 소금의 유익성분을 극대화하기 위해 가공된 식품이다. 죽염을 넣은 음식은 색상이 옅은 회색을 띤다. 일반 소금과 같은 양으로 사용한다.

기름

기름은 조금씩 구입해서 개봉 후에는 되도록 빨리 먹는 것이 좋다. 사용한 후에는 꼭 뚜껑을 닫는다.

참기름
국산 참깨만을 사용하여 170~180℃에서 볶아 만든다.

고추씨기름
100% 국산 홍고추씨를 70~100℃로 건조시켜 압착 착유한 것으로 다른 첨가물이나 기름류와 섞지 않아 홍고추의 맛과 향이 진하다.

들기름
국산 들깨만 사용해 저온140~150℃에서 볶아 만든다. 직사광선을 피해 서늘한 곳에 보관하면 좋다.

현미유
국산 원재료쌀겨로 만드는 식용유로 일반 식용유에 비해 느끼한 맛이 적고 담백하다. 발연점이 높아 다양한 요리에 사용 가능하다.

생들기름
볶거나 스팀에 찌지 않은 국산 생들깨를 분쇄한 후 그대로 압착기에 넣어 기름을 짜내어 고소한 맛과 향이 살아 있다. 가급적 가열하지 않는 요리에 이용하면 좋다.

유기농압착콩기름
러시아에서 NON GMO 콩을 유기 재배하여 압착 방식으로 제조하였다. 각종 튀김, 부침, 구이 등 다양한 요리에 사용 가능하다.

간장

한살림 간장은 첨가물이 없어 골마지가 낄 수 있으니
개봉 후에는 꼭 냉장 보관하는 것이 좋다.

산골간장
무농약 콩과 국산 부재료만으로 숙성하여 제대로 맛을 낸 재래식 국간장이다. 경북 울진의 깨끗한 환경에서 숙성해 깊은 맛을 담은 간장이다.

맛간장
간장과 멸치, 다시마, 가다랑어 등 해산물을 진하게 농축해 만들었다. 다양한 요리에 조미료처럼 사용할 수 있다.

조선간장
100% 국산 햇콩 메주를 충분히 우려내 전통 항아리에서 1년 이상 숙성한 재래식 간장이다. 일반 국간장과 같은 용도로 국이나 찌개, 나물 요리에 사용된다.

진간장
국산 콩과 국산 종국, 우리밀로 생산하여 6개월 이상 자연 숙성했다. 간장의 색이 연해 시중 간장의 절반 정도만 넣어 간을 보며 소량씩 더하며 사용한다.

제주전통어간장
콩간장을 사용하지 않은 수산 발효식품으로 제주산 고등어와 전갱이를 옹기에 숙성해 만들었다.

장류

우리밀고추장 성미

생산자가 직접 만든 찹쌀조청과 메주콩분말을 넣고 우리밀을 섞어 만들어 항아리에서 6개월 이상 숙성한 고추장이다. 전통식품 인증을 받은 물품이다.

양념고추장

찹쌀고추장에 고춧가루 등 국산 원재료를 더해 만들었고, 사과농축액을 넣어 부드러운 풍미를 살렸다.

찹쌀고추장 솔뫼

유기재배한 고춧가루로 솔뫼영농조합에서 직접 만든 엿기름을 사용해 8개월 간의 숙성기간을 거쳐 만들었다. 속리산 자락 해발 250m에 위치한 괴산군 청천면에서 깨끗한 자연의 맛을 듬뿍 담아 만들었다.

조선된장

국산 무농약 콩으로 만든 메주에 1년 이상 간수를 뺀 천일염을 넣고 전통항아리에 1년 정도 숙성해 만든다. 좋은 재료로 만들어 된장이 차지고, 깊고 구수한 맛이 일품이다. 다농식품의 조정숙 생산자는 농림축산식품부에서 지정한 대한민국 식품명인 제78호로 전통 된장의 명맥을 이어가고 있다.

초고추장

유기농 고추로 담근 고추장과 고춧가루, 현미식초, 국산 부재료로 새콤달콤하게 만들었다. 배농축액과 사과농축액을 넣어 상큼하고 부드러운 맛과 풍성함을 더했다.

산골된장
국산 무농약 메주콩으로 빚은 메주를 이용해 전통방식으로 정성껏 만들어 경북 울진의 깨끗한 환경에서 1년 이상 숙성해 고향의 맛이 가득 담긴 구수한 된장이다. 국내 유일의 발효식품 전문 시상식인 '2021년 제2회 참발효어워즈 된장부문 대상'을 수상했다.

막장
간장을 빼지 않고 통메주를 그대로 갈아 만든 강원도식 막장으로 재래식 항아리에서 6개월 이상 숙성시켰다. 된장에 비해 색이 짙고 단맛이 있다.

식초

오곡명초
전통 쌀누룩을 띄워 발효제로 땅 속 황토옹기에서 1년 이상 숙성시켜 만든 곡물식초이다. 총산 함량은 5%이다. 전통식품 인증을 받은 물품이다.

유기농현미식초
유기농 현미와 유기농 엿기름으로 만들었고, 현미 특유의 곡물취가 적고, 깔끔한 성상으로 생산된다. 총산 함량은 5% 이상이다.

사과식초
국산 사과를 주정과 과당 없이 발효시켜 만들었다. 총산 함량은 5% 이상이다.

토마토식초
한살림 유기농 토마토를 원재료로 만들었다. 총산 함량은 6~7%이다.

감식초

전북 완주에서 유기 재배한 감으로 감에 있는 자연상태의 효모만을 이용해 1년 이상 정성껏 숙성시켰다. 총산도는 2.6% 이상이다. HACCP^{식품안전관리인증기준} 인증시설에서 생산하며 유기가공식품 인증을 획득했다.

감귤농축식초

제주 감귤 100% 농축액을 땅 속 항아리에서 2개월 이상 발효해 만들었다. 감귤농축식초는 발사믹식초처럼 점성이 있어 올리브오일 등과 섞어 샐러드용 소스로 사용하면 좋다. 총산도는 5% 이상이다.

사과농축식초

국산 사과 농축액을 주정과 과당 없이 항아리에서 알코올발효 2개월, 초산발효 2개월 이상의 자연발효를 거친 후 땅속 황토옹기에서 1년 이상 숙성시켜 만들었다. 걸쭉하고 진한 농도를 가진 고농축 식초로, 발사믹식초와 동일하게 이용할 수 있다. 총산 함량은 5% 이상이다.

단맛재료

아카시아꿀
항생제와 인위적인 농축 과정 없이 생산한 자연 100% 그대로의 아카시아꿀이다. 아카시아꽃이 피기 전에 채밀한 꿀은 사용하지 않기 때문에 색이 맑고 투명하며 고유의 맛과 향이 살아 있다.

야생화꿀
항생제와 인위적인 농축과정 없이 6월초에서 7월 사이 채밀한 야생화꿀이다. 봄부터 초여름까지 여러 종류의 꽃에서 채밀하여 다양한 영양성분이 함유되어 있다.

쌀조청
한살림 유기멥쌀과 유기엿기름을 전통방식 그대로 정성껏 고아 만든 쌀조청이다. 전통식품 인증을 받은 물품이다.

배농축액
한살림 참여인증 배를 착즙한 후 저온에서 6~7배 농축하여 배의 맛과 영양을 온전하게 보존했다. 건강하게 단맛을 더할 수 있다.

사과농축액
고급 요리당으로 물엿이나 설탕 대신 사용 가능하고 샐러드드레싱이나 각종 절임, 볶음요리에 사과의 달콤한 향과 영양을 더할 수 있고, 물에 희석해 음료로 즐길 수 있다.

유기쌀올리고당
국산 유기농 쌀을 주원료 만든 이소말토 쌀올리고당이다. HACCP식품안전관리인증 기준 인증시설에서 생산하며 유기가공식품 인증을 획득했다.

젓갈

멸치액젓
추자도 근해에서 잡은 젓갈용 멸치를 천일염으로 절여 숙성시켜 고유의 맛과 향이 오래 지속된다.

까나리액젓
국내산 까나리와 국내산 천일염만을 배합하여 12개월 이상 숙성시킨 원액 100%, 순수액젓이다. 색깔이 곱고 맛이 뛰어나며 음식의 감칠맛을 높여준다.

참새우젓
임자도 근해에서 봄, 가을철에 어획한 새우로 배 위에서부터 절인 후 5℃의 전용 저장고에서 4개월 이상 저온 숙성시켜 만든다. 추젓에 속하는 참새우젓은 껍질이 얇아 김치나 찌개용으로 많이 사용된다.

새우육젓
6월에 잡은 새우는 살이 통통하게 올라 있어 새우젓 중에서는 육젓을 최고로 친다. 전남 신안군 임자도 근해에서 6월에 어획하여 배 위에서 바로 절여 4~5개월 이상 숙성시켜 만든다.

양념가루

고춧가루
유기재배한 고추로 일반 고춧가루와 달리 55℃ 이하에서 3~4일 동안 저온 건조하여 자연적인 맛과 향이 그대로 살아있다. 씨를 반만 제거하여 맛이 부드럽다. HACCP 인증시설에서 생산한다.

울금가루
유기농 울금을 깨끗하게 세척한 뒤 동결건조해 가루를 낸 것으로 돼지고기, 생선요리 등에 뿌리면 잡냄새를 없애주고, 물이나 우유, 두유에 타 마셔도 좋다. * 임산부는 섭취를 금합니다.

들깨가루
국산 들깨를 물에 일어 이물질을 제거 후 볶아 2~3회에 걸쳐 겉껍질을 없앤 후 가루를 냈다.

다시마가루
전남 완도 근해에서 채취한 국내산 다시마를 태양 건조해 그대로 가루를 냈다.

참맛가루
남해에서 잡은 멸치, 다시마, 새우와 무농약 표고 버섯으로 만든다.

새우가루
해금강 앞바다에서 잡은 싱싱한 새우를 깨끗이 말려 가루를 냈다.

표고가루
유기 재배한 표고를 완전 건조하여 가루를 냈다.

해물담은 육수한알
천연재료의 해산물로 이용이 편리하게 만들었다.

소스

국산굴로 만든 굴소스
굴 농축액 함량이 47%로 굴 특유의 향미가 각종 볶음, 조림 요리에 깊고 풍부한 맛을 더해준다.

요구르트샐러드소스
한살림 유기농우유를 발효하고 유자로 상큼한 맛을 더한 발효요구르트 드레싱이다.

간장샐러드소스
한살림 진간장과 식초 등을 사용해 안전하고 감칠맛 나게 만들었다. 각종 요리의 소스 및 드레싱으로 이용한다.

참깨샐러드소스
국산 참깨와 한살림 마요네즈로 만들어 맛이 진하고 고소한 샐러드소스이다.

돈가스소스
토마토, 사과, 양파 등 다양한 과일과 채소로 만들어 달콤 상큼한 맛과 향으로 돈가스 본연의 맛을 살려주는 소스이다.

스위트칠리소스
아이들도 먹기 편하도록 고춧가루 입자 대신 파프리카를 조각내 사용하였고 새콤달콤한 맛 뒤에 매콤함이 은은하게 퍼지고 다양한 요리에 두루 활용하기 좋다.

타르타르소스
한살림 마요네즈에 오이피클, 양파, 현미사과식초 등을 더해 고소하고 상큼한 맛이 나고 생선가스나 오징어튀김, 새우튀김 등과 잘 어울리는 소스이다.

땅콩크림
버터를 넣지 않고 국산 땅콩을 주원료로 만들었다.

기타양념

마요네즈
유정란과 현미유, 토마토식초를 넣어 만들었다.

농축토마토
유기 재배한 토마토를 갈아서 퓌레로 만든 뒤 진공농축기로 5배 농축하였다.

유기농토마토케찹
유기 재배한 토마토로 식품첨가물 없이 건강하게 만들었다. 유기가공식품 인증을 받은 물품이다.

미온
증류주에 약쑥, 솔잎, 생강 등 약초와 채소류를 침출시켜 정제한 리큐르이다. 음식의 감칠맛과 깊은 풍미를 살려준다.

간편양념
요리 초보부터 고수까지 누구나 맛있는 양념을 소개합니다.

유해성분 없이 요리를 쉽고 빠르게 하는
한살림 조리도구 및 주방용품

전통옹기

황토로 빚어 천연유약을 발라 굽는다. 납성분이 들어 있는 유해한 광명단 등을 사용하지 않으며, 고집스럽게 전통적인 기법만을 재현하여 옹기를 만들고 있다. 자연적인 발효가 이루어져야 제맛을 내는 김치는 물론 고추장, 된장, 간장 등의 보관에 좋다. 옹기류, 뚝배기류, 생활식기류 등 모든 품목을 골고루 공급한다.

옻칠용품

국산 원목을 사용하여 옻칠한 후 세심하게 다듬어 만든다. 옻은 천연도료로 부식을 막는 기능이 있으며, 옻칠 생활용품은 방수·방충·방부 효과가 있는 것으로 잘 알려져 있다. 옻칠은 어둡고 습한 곳에서만 마르는 성질이 있어 습한 날씨일수록 더욱 보송해지는 특징이 있다. 오래 사용하다보면 부분적으로 조금씩 마모되고 나무 본연의 색깔이 나타나는데, 옻칠이 스며들어 있어 사용하는 데는 문제가 없다.

무쇠

선철 100%로 만들어 유해물질로부터 안전한 조리도구이다. 가스렌지, 인덕션, 하이라이트, 핫플레이트 등 모든 열원에서 사용할 수 있다. 빠른 열전도와 높은 복사열로 음식 조리시간이 빨라 영양손실이 적고 바닥이 두꺼워서 밥솥은 물론 여러 가지 탕이나 국을 끓이는 솥으로도 이용하기 좋다. 기름을 흡수하므로 음식을 하면 담백하고 깊은 맛이 나며, 삼겹살 등의 고기를 구울 때도 냄새 없이 노릇노릇하게 구워진다.

스테인리스 주방용품

코팅제 걱정 없이 안전하게 쓸 수 있으며, 바닥만 3중인 일반제품과 달리 통3중 스테인리스-알루미늄-스텐인리스으로 만들어 열전도율과 보존율이 좋다. 스테인리스는 녹이 쉽게 생기지 않고 가열해도 중금속이나 유해물질이 생기지 않아 유용하게 쓰인다. 스테인리스 제품은 연마제가 남아 있을 수 있으니 꼭 깨끗하게 세척한 후 사용한다.

유기

유기는 부패균을 살균하여 각종 채소나 생선 등 음식물이 오랫동안 변하지 않고 싱싱함이 유지되며 인체의 해로운 것을 예방 해준다고 한다.

수세미

자연 그대로의 수세미 열매를 가공해 만들어 미세 플라스틱 걱정 없이 설거지할 수 있다. 사용 후 다시 자연으로 돌아가는 자연친화 물품이다.

원목조리도구

통원목을 가공한 친환경 조리기구로 벚나무, 편백나무 등으로 만든 도마, 주걱 등이 있다

주방용 물비누

비누분 및 식물유래 계면활성제를 사용해 분해가 빠르고 인체와 환경에 안전하다.

생활자기

백토, 규석, 장석을 태토 등으로 만든 그릇에 유약을 발라 높은 온도에서 만든 자기는 입자가 작고 엉김이 치밀해 흡수성이 없어 음식을 담는 식기로 적당하다.

감귤식초 주방세제

식물성 세정성분을 사용하여 기름 세척력을 보완한 주방용 세제로 상큼한 감귤향이 난다.

스테인리스통

정품 스테인리스로 만든 김치통으로 밀폐력이 뛰어나다.

주방용 살균수

식품 또는 인체에 영향을 줄 수 있는 위해 성분을 최대한 배제한 가정용 식물성 살균소독수이다.

한살림식생활센터가 하는 일

자연과 사람이 조화로운
식생활 문화 확산을 위한
활동 및 교육 프로그램 기획

식생활 활동 및 교육 활동
프로그램 개발 및 자료 수집

타 단체 및 기관에서 위탁하는
식생활 연구 과제 수행

식생활 교육 활동
전문 인력 양성

식생활 교육 관련
타 기관과 협력

회원조직 식생활 활동 활성화를
위한 지원 및 정보 공유

식생활 활동가 역량 강화
연수 및 포럼 진행

자연과 사람이 조화로운
먹을거리 환경을 위한
사회 참여 활동

전통 식생활문화
확산을 위한 활동 지원

홈페이지 http://foodlife.hansalim.or.kr
다음카페 http://cafe.daum.net/hansalimfoodlife 전화 02-6715-9419

절기음식 찾아보기

ㄱ

가지나물	153
감자밥	106
감자옹심이	112
감자전	122
갱죽	83
고구마순김치	145
고등어추어탕	162
고추장떡	144
곶감호두말이	30
구기자차	53
구운채소마샐러드	158
국화전	173
굴밥	178
굴비구이	85
깨찰떡	142
깻잎김치	156

ㄴ

냉이나물	49
냉이바지락밥	62
노각무침	139
녹두전	42

ㄷ

다식	117
더덕찹쌀구이	154
도라지오이무침	167
도라지정과	188
도토리묵밥	190
동지팥죽	200
동태탕	185
두릅밥	92
두릅숙회	78
딸기과편	102

ㅁ

마구설기	206
마늘종무침	113
마밥	170
맑은뭇국	184
매생이굴떡국	32
매실차	110
머위쌈밥	76
메밀묵	34
메밀묵온반	50
명란호박찌개	208
무나물	171
무말랭이무침	205
무콩나물국	38
미나리김치	65
미숫가루	152
미역초무침	72

ㅂ

바람떡	86
바지락미역국	195
밤단자	182
방풍나물콩국	64
배숙	172
배추전	181
버섯밥	148
보리개떡	108
보리수단	124
보리순수제비	66
보리열무김치	111
복쌈	58
봄동된장국	55
봉수탕	103
북어찜	202
붉은팥무시루떡	203

ㅅ

삼계탕	126
삼나물육개장	84
생강귤차	189
생맥산	140
서리태콩밥	194
섭산적	33
송편	157
송화밀수	96
수리취떡	94
수정과	41
시금치된장국	93
시래기나물	39
쑥굴레	68
쑥버무리	88

ㅇ

아욱국	107
알배추겉절이	199
애탕	82
애호박말림나물	59
약식	70
양파장아찌	123
연계찜	114
연근조림	198
열무김치비빔국수	100
오곡밥	54
오과차	73
오미자창면	87
오신반	46
오이만두	128
오이소박이	125
옥수수밥	134
옥수수팥범벅	116
우엉김치	180
원소병	56
월과채	141
유자화채	196
임자수탕	138
잎마늘콩가루찜	79

ㅈ

잡곡밥	37
잣콩국수	120
전어구이	150
전찌개	174
조랭이떡	40
죽순겨자채	98
증편	130
진달래화전	80
짚신송편	52
쪽파전	99

ㅊ

찰밥	127
참외화채	131
초계국수	136
취나물무침	97

ㅋ

콩죽	69

ㅌ

타락죽	155
탕평채	48
토란줄기볶음	165
토란탕	149

ㅍ

표고버섯느르미	164

ㅎ

호박고지찰떡	186
호박식혜	36
호박전	135
호박죽	168
흑임자죽	166

절기음식 참고문헌

- 강무학, 『한국세시풍속기』, 집문당, 1990
- 강인희·김경복, 『한국식생활풍속』, 삼영사, 1984
- 궁중문화, 『조선 왕실의 의례와 생활』, 돌베개, 2002
- 금은실·정해옥, 『한국음식과 문화』, 문지사, 2002
- 김경애, 『한국의 전통음식』 전남대학교 출판부, 2004
- 김규석, 『지혜로운 우리음식』
- 김동철·송혜경, 『절기 서당』, 북드라망, 2014
- 김명숙, '궁중의 세시풍속' 〈토요문화강좌 제2집〉, 궁중유물전시관, 1994
- 김명자, 『한국세시풍속연구』, 경희대학교 대학원 박사학위논문, 1997
- 김용갑, 『한국 명절의 절식과 의례』
- 서유구, 『임원경제지 본리지』, 소와당.
- 안철환, 『24절기와 농부의 달력』, 소나무, 2011
- 오한샘·최유진, 『천년의 밥상』, MID, 2012
- 윤서석, 『우리나라 식생활 문화와 역사』, 신광출판사, 1999
- 윤숙자, 『한국의 떡·한과·음청류』, 지구문화사, 1999
- 윤은숙, 『한국의 음식, 효일 문화사』, 1996
- 이영미, 『나를 위한 제철 밥상』, 판미동, 2012
- 이영미, 『위대한 식재료』, 민음사, 2018
- 이제호, 『할머니 농사 일기』, 소나무, 2006
- 이효지, 『한국의 음식문화』, 신광출판사, 1998
- 정윤경, 『대한이는 왜 소한이 집에 갔을까?』, 분홍고래, 2019
- 하순용, 『한국 절식풍속의 생활문화적 고찰』, 이화여자대학교 교육대학원
- 한미경, 『자신만만 열두달 우리 명절』, 아이즐, 2010
- 한복선, 『명절 음식』, 대원사, 1991
- 황혜성·한복려·한복진, 『한국의 전통음식』, 교문사